丁新豹 主編

香港歷史散步

增訂版

商務印書館

香港歷史散步 增訂版

主　　編：丁新豹
編　　輯：梁操雅　黃浩潮
撰　　文：林愷欣　何偉傑　黃白露　梁操雅　黃浩潮　丁新豹
責任編輯：羅宇正
封面設計：張毅
攝　　影：黃浩潮　李頌堯　任秀雯　羅宇正
繪　　圖：羅宇正
出　　版：商務印書館（香港）有限公司
香港筲箕灣耀興道 3 號東滙廣場 8 樓
http://www.commercialpress.com.hk
發　　行：香港聯合書刊物流有限公司
香港新界荃灣德士古道二二〇至二四八號荃灣工業中心十六樓
印　　刷：美雅印刷製本有限公司
九龍觀塘榮業街六號海濱工業大廈四樓A
版　　次：2023 年 6 月第 2 版第 7 次印刷

ISBN 978 962 07 4433 4
Printed in Hong Kong

目錄 Contents

上環——香港華人社區

序

——千里之行　始於足下

丁新豹

散步是一種既悠閒又有益身心的運動，歷史散步就是在漫步街頭之餘，隨意探究身邊的舊建築或古蹟的歷史，既可舒筋活絡，更可學習歷史，一舉兩得，在生活緊張，而普遍對本土歷史缺乏認識的香港，尤其值得推廣。

多年來，常利用餘暇漫步於港九各處的大街小巷，每有得着，而且趣味盎然。歷史散步，既可印證書本所載，更可在理性認知的層面上加添感性認知，貫徹讀萬卷書、行萬里路的宗旨，是普及歷史學習的良方。

要進行歷史散步，必須對散步地點的歷史及沿途舊建築有基本的認識，認識愈多、愈深，趣味愈濃厚，獲益也更多。目前坊間不乏介紹香港古蹟及街道歷史的書籍，但大多聚焦於單一歷史建築物的歷史和建築特色，鮮能進一步綜合分析該等建築物背後所反映的歷史，更遑論宏觀地把這些建築物置於香港政治、經濟、社會及文化發展的大框架裏作進一步探究。本書的出版，正期望能填補此一空白。

中、上環是香港開埠後最早發展起來的地區，是原來維多利亞城的中心，保存下來的歷史建築相對較多，也較集中，是歷史散步的首選地點。事實上，中上環現存的每所舊建築的背後都有值得探究的歷史片段。我們從中上環現存的歷史建築中，挑選了十九座以作重點介紹，編撰者通過參考原始資料文獻，對每一座詳加解説，矯正了一些以往以訛傳訛的説法，深入分析該等建築物／機構的歷史背景和意義，及其如何見證香港的發展；既有細緻的考證，亦有宏觀的論述。某些項目更附有選文，使讀者可以作延伸閱讀，從不同角度認識該建築／機構之歷史意義，務求做到深入淺出，學術與趣味並重。

比方中環方面，法院、監獄和警署見證着香港法治制度的奠立與執行、教堂和會所反映英治時代西人的生活模式和習慣、清真寺及猶太廟反映香港多元族裔社會的特色、皇后像廣場反映中環早期規劃和填海拓展過程；上環方面，合一堂和青年會見證着外來的基督教融入香港社會；文咸西街、永樂街一帶的南北行商舖及太平山街一帶的廟宇及東華醫院，更見證了香港華人社會的形成和發展。在這地區蹓躂，我們彷彿看到早年來港華人蓽路藍縷、艱苦經營，終於落地生根的經過。

中環與上環毗鄰相連，但自開埠以來，卻是兩個截然不同的世界。這是早年港府實行華洋分區而治政策所造成的現象。中環是全港的政治、經濟和金融中心，在上世紀六〇年代以前，這裏是英人工作、消遣、禮拜日上教堂的地方，舉目所見盡是歐式建築，出入皆是西服革履的西人及部分洋化華人，活像一個「小倫敦」。而上環是主要的華人商住區，在四十年前，這裏唐樓林立，人煙稠密，瀕海的文咸西街、永樂街一帶盡是中式商舖、辦莊、客棧，靠近山邊則廟宇林立，男女皆穿唐裝，是不折不扣的

「小廣州」。時至今天，隨着歲月流逝及城市的改造更新，中、上環原來的特色已逐漸褪色，但格局仍基本保持。

在漫步中、上環之際，或許我們更可以嘗試把中環與上環的一些舊建築物的組織和功能作一比較，比方早年文武廟民間仲裁方式與最高法院所體現的英國的司法制度；英國國教聖公會在香港的主堂——聖約翰座堂與華人的廟宇——文武廟和百姓廟；聖約翰座堂、天主教聖母無原罪總堂與合一堂、青年會等華人自立自理組織的異同、洋人團體共濟會、梅夫人婦女會會所與華人團體中華基督教青年會；文咸西街與德輔道中兩個風格不同的商業區等；這種比較，可以引發更多對歷史的思考，有助於加深我們對香港歷史的點、線、面的認識。

千里之行，始於足下，探索學問的路也如是。願與大家共勉！

中環

——香港中心區的英國式佈局

中環和上環都是在香港開埠後發展起來的。

開埠伊始，香港政府馬上大力開發面朝維港的港島北岸，一八四一年六月，港府首次劃地出售；其中濱海地段（Marine Lot）及市區地段（Town Lot）皆落入西人手中，而市場地段（Bazaar Lot）則基本為華人所擁有，因此，前者後來發展為西人商住區，而後者則為華人商住區，涇渭分明。

同年十一月，港府把雅賓利渠（Albany Nullah）和忌連拿利渠（Glenealy Nullah，鐵崗）之間的山坡闢為政府專用，並定名為「政府山」（Government Hill）。在這片山坡上，後來陸續興建了砵甸乍（樸鼎查）的府第（即前法國傳道會大樓原址）、輔政司署（即現今政府合署東翼所在，落成於一八四八年）、美利砲台（今尚存砲台徑之名）、總督府（即現今之禮賓府，落成於一八五五年）、雅賓利政府宿舍、兵頭花園（一八六四年），以及聖約翰座堂（一八四九年）。山腳其後興築了大會堂（一八六九年）、銀行及洋行的辦公大樓。這裏發展為全港的政治和經濟中心。

港島上最早開闢的馬路是平行的荷李活道及皇后大道，前者築於山坡之上，貫穿太平山區，把中、上環連接起來，而後者則沿着海岸線延伸，是港島北岸的主要幹線。新城市就是在這兩條道路之間起伏的坡地之上興建起來。在荷李活道層層疊疊的兩層高的西式房屋中間，夾雜着一個龐大的建築羣：中區警署（一八六四年）、巡理府（裁判司署，一九一四年）及域多利監獄（一八四一年）。開埠初年，總巡理府兼管警務及監獄，這個龐大的建築羣，正見證了警務、裁判和囚禁三者密不可分的關係，在威靈頓街與砵甸乍街交界處原聳立着香港首間天主堂，是最早從澳門遷到香港的葡人及駐港愛爾蘭兵做主日崇拜之所，後因地方不敷應用，乃於一八八八年在堅道興築一所新的總堂。來港謀生的英國人把原居地的組織也帶到香港來，早在一八四六年，英國人便成立了共濟會香港分支泄蘭會所，會所在戰後遷到堅尼地道現址。踏入二十世紀後，來港謀生西婦漸增，住宿和設施嚴重不足，殷商嘉道理及何甘棠等在一九一六年捐款在花園道毗鄰纜車站成立了「梅夫人婦女會」，此後成為香港西婦的活動中心。

皇后大道中沿海濱是中環的黃金地段，香港的大商行在此佔據了有利位置。洋行的正門朝向皇后大道中，背靠海邊，一些商行乃因利乘便修築碼頭以供起卸貨物。一八六〇年代晚期，政府在這裏修築了首條海旁路。隨着香港轉口貿易的蓬勃發展，商行激增，尤其是一八五六年廣州商館區大火後，總部原設於廣州的洋行都紛紛遷到香港來，土地需求更形殷切。中環土地既不敷應用，填海乃是唯一出路。在一八五〇年代，港督寶靈原有意在中環填海，受大洋行聯名反對而作罷。三十年後，填海大計終由遮打（Catchick Paul Chater，一八四六－一九二六）全面展開。

港府利用匯豐銀行前方新填土地闢設了一個「銅像廣場」。廣場中央是大英帝國的最高統治者維多利亞女皇的銅像，其周邊簇擁着她的兒孫、媳婦和殖民地官員，形成眾星拱月之勢，凸顯英國作為香港宗主國的至高無上的地位。左方是巍峨宏偉的最高法院，右方是皇后行及太子行。廣場左側，最高法院旁是英國人最熱愛的運動——木球的球場及會所，其前方是香港英人上流社會最高級的會所——香港會所。在二次大戰前，銅像廣場瀰漫着濃厚的殖民地色彩及懾人的威儀。在日治時期，銅像全被移走，戰後只剩下匯豐大班昃臣的像，殖民地色彩大為褪色。

作為英國殖民地的香港，其市中心——尤其是核心地帶的規劃和佈局，與其他英國屬地大同小異。各英屬殖民地都闢有政府專用區，而總督府、政府大樓、法院、大會堂（文娛）、聖公會的教堂（代表英國國教）、木球會等設施都在附近，組成殖民地的中心地帶，客觀上滿足了英國人——特別是上流社會人士的生活習慣和需要。曾為英國殖民地的新加坡、檳城、加爾各答莫不如此。

最高法院

西方司法制度在東方體現

香港作為英國皇領殖民地（Crown Colony），基本上依從英國的法律模式。香港政府自選定了以中區一帶作為管治中心以後，隨即興建法院和監獄，可見英人對司法制度的重視。位於今日昃臣道八號的立法會大樓，前身就是香港的最高法院。

最高法院的設立

香港的最高法院自一八四四年設立，最初是在威靈頓街一所大樓內，一八四八年遷往皇后大道。第八任港督羅便臣在一八九四年委任專責小組，研究中區新填地的建築方案，報告建議興建新的法院大樓，定例局（即立法會）終在一八九八年二月二十八日決議興建。

這座最高法院大樓選址於中區的心臟地帶，毗連皇后像廣場，四鄰軍政商廈林立，可說是香港法治社會的象徵。港府所委任的建築師為英聯邦採辦處的顧問偉柏（Aston Webb）和英格里斯・貝爾（Ingress Bell），兩人以設計英國白金漢宮的正面、維多利亞與阿爾拔博物館（Victoria and Albert Museum）及海軍部拱門（Admiralty Arch）而聞名於世，足見政府對這幢大樓的重視。

按原定的計劃，大樓正面應朝向皇后像廣場，可是最初的圖則卻把方向倒轉了，幾經修訂後，方能落實建築藍圖，並在一九〇〇年動土。可是禍不單行，大樓承建商陳阿棠在一九〇四年正值施工期間撒手塵寰，加上缺乏石材，延誤了進度，大樓最終在十二年後

散步小貼士

- 注意中央門廊上象徵憐憫與真理的雕像下有一行字：ERECTED AD MDCCCCX，表示一九一〇年豎立。
- 面向德輔道中的石柱上，有一些「子彈孔」，那是二次世界大戰的痕跡。
- 延伸散步點：與法治有關的殖民政府建築，還有油麻地前南九龍裁判法院大樓（屬二級歷史建築）。

才正式啟用，是早期香港建築時間最長的建築物之一，而大樓有碑石記載承建商的名字。

最高法院現貌（即今立法會）

最高法院的建築特色

大樓地基用數以百計的杉樹樁造成，在一九〇三年舉行了奠基儀式。港督卜力在典禮上稱：「這座巍峨莊嚴的圓頂大樓，用作恩威並施、廉明正直、大公無私的執法聖殿最為適合：正是在這個基礎和這塊基石上，完善的社會才得以建立，昌盛不衰。」在放置基石之處，同時埋藏了數份當時的香港報紙，以及各種在港鑄造的錢幣，作為紀念。

最高法院大樓在一九一二年一月十五日由港督盧押揭幕。這座雄偉的大樓樓高兩層，採用了上等的花崗石，以西方的新古典主義（仿效古羅馬及希臘的藝術和建築風格），糅合中國傳統的建築特色，並配合香港的亞熱帶氣候而建成。大樓四周環以愛奧尼式圓柱，並設有露台和拱廊，兩旁屋簷則由中國柚木支撐和瓦片鋪砌，別具風格。中央的圓頂頂尖，有青銅製的都鐸皇冠（英皇愛德華七世於一九〇二年至一九五三年英女皇伊利沙伯二世所採用的皇冠）雕塑，正門門廊上三角楣飾上刻有英國皇家盾形紋徽，兩旁是象徵憐憫和真理的雕像，下刻有最高統治者的銘辭「DIEU ET MON

DROIT」（汝權天授），楣飾頂部豎立的是代表公義的泰美斯女神（Themis）雕像，盡顯這座建築物的寓意和功能。落成初期，由於英文「Court」與廣東音「葛」相近，時人有稱這座最高法院大樓為「大葛樓」。

泰美斯女神像

大樓的走廊

大樓的愛奧尼式圓柱

大樓的圓頂頂尖

大樓內部現貌

大樓全貌

最高法院今昔

大樓內共設有三個法庭，地下為田土廳、司法常務官辦公室及接收囚犯的地方；其後大樓曾作多次改建，共設有法庭七個。當時法院由一名首席按察司和一名最高法院法官主理，若任何人對他們其中一人的判決不服，則由二人組成合議庭，進行上訴聆訊。

日治期間，這座最高法院大樓被徵用作日軍的「香港憲兵總部」，樓前加建了哨崗，內部亦加建了拷問室等，東面石牆曾遭戰火損毀。戰後恢復為最高法院所用，直至一九七八年因地鐵工程影響，大樓需關閉重修。

最高法院先遷往維多利亞法院（前法國傳道會大樓），一九八四年再遷往金鐘法院道，而大樓原址外部於一九八四年被列為法定古蹟，於一九八五年起改為立法局議事處。為配合立法局的用途，大樓內部作了重大改動，一樓的法庭改為會議廳，而面向皇后像廣場之正中入口（囚犯專用入口）現已封閉；大樓內連接囚犯接收室和一樓法庭的高架橋，又稱「奈何橋」，為昔日囚犯往審必經之處，則得到保留。一九九七年香港回歸中國後，改名為「立法會大樓」。

時移世易，大樓啟用至今九十五載，從以往的司法機構，到現在的立法最高權力機關，成為香港法治社會的象徵。誠如一九一二年時的首席按察司皮葛（Sir Francis Piggott）在開幕典禮上經常被引用的說話：「即使他日維多利亞城不復存在，海港被淤泥壅塞，香港會所坍塌湮沒，這座大樓仍將巍然矗立，如金字塔，為遠東的睿智留下見證。」時至今天，當年四周景物已不存在，但大樓依舊巍然屹立，見證着時代的變遷。

（林愷欣）

皇后像廣場

殖民者的權力象徵

對於香港人來說，皇后像廣場這名字應該並不陌生，但香港人印象中的廣場，相信是位於中環地鐵站立法會大樓旁的一個小公園，一個每逢假日外傭聚集之處，一個集會遊行的地方，又或是每年一度為聖誕節而設的繽紛小鎮所在地；很少人知道廣場與香港歷史發展的微妙關係。

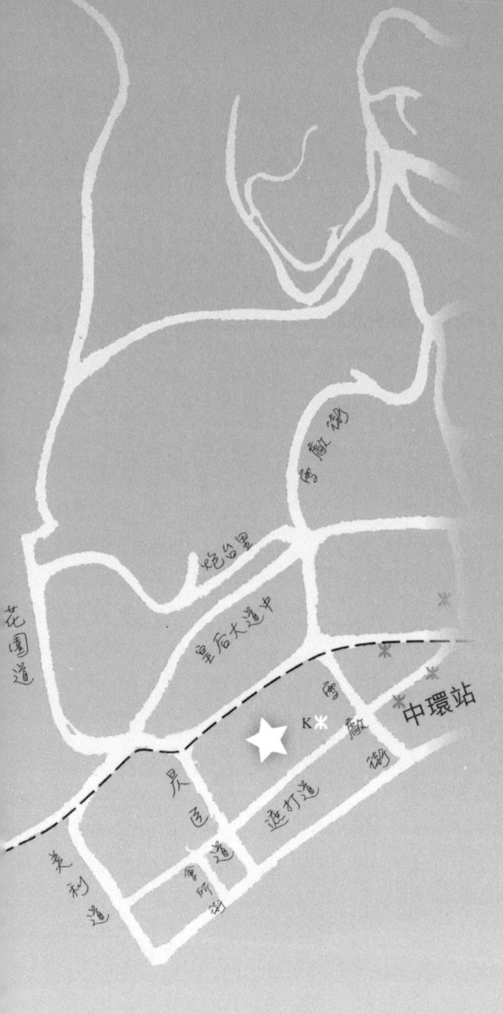

散步小貼士

- 紀念第一次世界大戰在港陣亡將士的和平紀念碑，因採用倫敦和平紀念碑的設計，故兩地和平紀念碑的外觀完全一樣。
- 延伸散步點：維多利亞公園的維多利亞女皇銅像及兵頭花園的英皇喬治六世銅像。
- 延伸散步點：干諾公爵訪港時，曾於卜公碼頭登岸，碼頭在一九六〇年代因填海工程而清拆，原碼頭上蓋移至九龍摩士公園，成為涼亭的上蓋；卜公碼頭則於二〇〇八年在赤柱海旁美利樓側重建。

皇后像廣場與中區填海計劃

皇后像廣場，顧名思義，與英國維多利亞女皇（Queen Victoria，一八一九—一九〇一）和殖民地的統治息息相關。一八八七年為慶祝維多利亞女皇登基金禧紀念，港府特為女皇鑄造一尊銅像，以頌君權。時值亞美尼亞裔商人遮打重議擱置了三十年的中區填海計劃（此計劃自一八五五年第四任港督寶靈在任期間提出，但因未能與眾沿海商戶達成共識，只進行了上環和西環地區的填海工程），中區填海工程得以在一八八九年展開，至一九〇三年完成，將海旁從德輔道擴展至干諾道中，為中環增添了五十七英畝用地。同時，在遮打爵士與葛士域（J. J. Keswick）兩位立法局議員和香港置地公司創辦人的悉心安排下，政府和滙豐銀行達成共識，預留了銀行前方填海所得的土地，興建一個皇家廣場（Royal Square）。

中環填海工程基石於一八九〇年由干諾公爵奠立，原置於立法會旁的香港木球會內，一九七五年木球會遷往黃泥涌峽，原址於一九八〇年改為遮打花園，基石亦立於公園旁。

廣場四周的佈局

在十九世紀末至二十世紀初期，銅像如雨後春筍般，林立於廣場每個角落，自維多利亞女皇的銅像開始，曾置於廣場的銅像共有九個，或由政府出資鑄造，或由著名的西商捐贈，遮打是其中最熱心的一位；他更將廣場旁新建成的大廈命名為太子行和皇后行，其後附近陸續建成的大廈亦以廣場所立的皇室人員的銅像命名，可見西商與政府的關係。廣場正前方設有一個官方專用碼頭，初期以木搭建，稱作「皇后像停泊處」（Queen's Statue Wharf）；一九二五年重建啟用，入口配以圓柱和拱門，造型華麗，成為第一代皇后碼頭。皇后像廣場的闢建，重申大英帝國是這片殖民地的主人。

皇后像廣場現貌

廣場銅像誰是誰？

維多利亞女皇銅像端坐在石雕拱頂亭內，造型莊嚴，面向海旁，置於獲利街（Wardley Street，今已不存在）和遮打道（Chater Road）之交匯處，即廣場正中央位置。一八九六年五月二十八日港府舉行了盛大的揭幕儀式，藉以慶祝女皇七十七歲壽辰。廣場第二個銅像為維多利亞女皇的兒子干諾公爵（Duke of Connaught），一九〇二年七月五日於皇后像廣場揭幕。一九〇七年干諾公爵重訪香港，政府為紀念干諾公爵於一八九〇年為填海工程奠基，將其銅像改置於以他命名的干諾道上，面對卜公碼頭（Blake Pier）。

在這個皇家廣場內，另豎立的四位皇室成員銅像，分別是女皇的兒孫和他們的夫人，包括英皇愛德華七世（King Edward VII）、皇后雅麗珊（Queen Alexandra）、威爾斯皇子與公主（Prince and Princess of Wales），即日後之英皇喬治五世（King George V）和瑪麗皇后（Queen Mary），可謂三代同堂。英皇愛德華七世銅像乃遮打在一九〇二年代表香港前往倫敦參加英皇登基大典後捐造的，而英皇喬治五世的銅像則由怡和大班貝爾艾爾芬（Bell Irving）捐贈；

一九〇六年二月二十二日《香港華字日報》有關匯豐銀行昃臣（文中譯作「則臣」）銅像的揭幕消息。

港事要聞

○行揭像禮 港督定於禮拜六日午刻十二點四十五分鐘俟上海銀行叙會完時親行揭則臣銅像之禮

一九二三年五月三日《香港華字日報》所載有關梅含理總督銅像造像費用。

◉梅督銅像今日開幕 皇后像前之梅督銅像將於今日下午五點鐘由史督行開幕禮是像經費約需銀式[illegible]至式萬五千元之間俱是為人捐助云

一九二三年五月五日《香港華字日報》所載有關梅含理總督銅像開幕盛況的報導。

◉梅督銅像開幕盛況 前港督梅含理之銅像經于昨日由港督史塔士親行開幕赴場者極衆佈置極爲輝煌該銅像由遮打君捐資建立遮打君請港督將銅像開幕時演說壹番畧謂他與梅督在生時爲摯友且梅督督港時成績卓著實應享此美譽史督未將銅像開幕之先乂對衆演說大意亦將梅督[illegible]政治成績發揮演說後遂行幕禮云

兩座銅像於一九〇七年二月六日由當時訪港的干諾公爵主持揭幕。雅麗珊皇后和瑪麗皇后的銅像，分別由政府和富商麼地捐贈，在一九〇九年十一月二十五日英皇愛德華七世壽辰日揭幕。港督盧押在典禮上讚歎「廣場的銅像是其他殖民地不可能媲美的」，可見皇后像廣場的氣派與規模。

其他非皇室成員的銅像共有三個，最早的是一九〇六年匯豐銀行總經理昃臣（Sir Thomas Jackson，一八四一——一九一五）的銅像，其次是第十五任港督梅含理的銅像；梅氏銅像是除了一八八七年豎立於兵頭花園的港督堅尼地像以外，香港唯一為卸任港督而立的銅像，一九二三年五月三日的揭幕儀式上，梅氏的好友遮打致辭，表揚其貢獻。同年，政府在香港會所前方，廣場的東北角，豎立和平紀念碑，以紀念在第一次世界大戰陣亡的將士；匯豐銀行後亦為紀念於第一次世界大戰犧牲的職員於廣場立像。廣場的銅像林立，其英文名稱亦改為「Statue Square」（銅像廣場），可謂更名實相符。

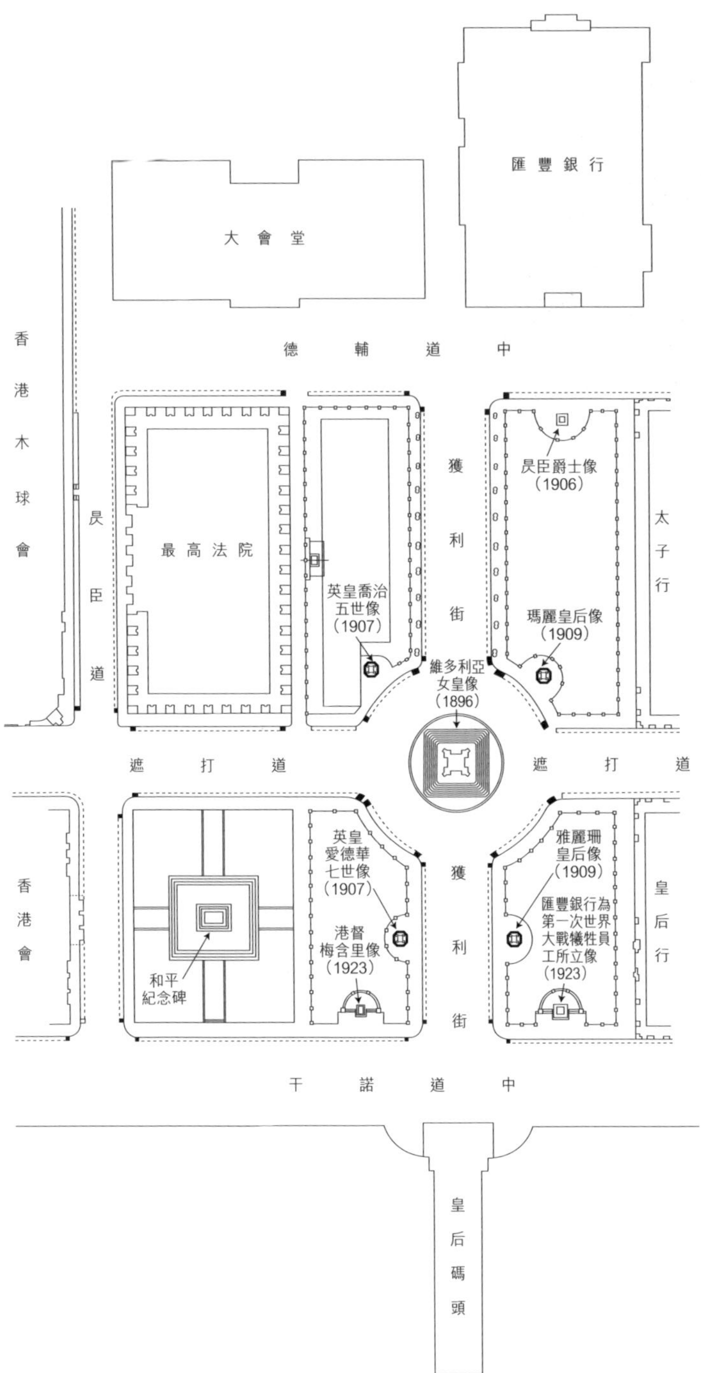

皇后像廣場豎立銅像位置示意圖

皇后像廣場銅像一覽表

英國皇室人員銅像

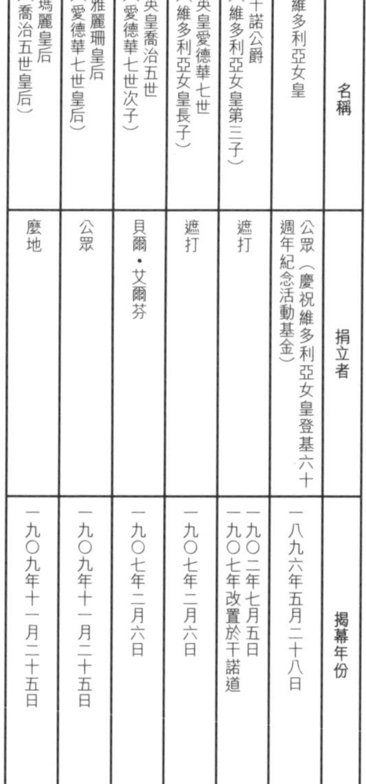

名稱	捐立者	揭幕年份
維多利亞女皇	公眾（慶祝維多利亞女皇登基六十週年紀念活動基金）	一八九六年五月二十八日
干諾公爵（維多利亞女皇第三子）	遮打	一九〇二年七月五日 一九〇七年改置於干諾道
英皇愛德華七世（維多利亞女皇長子）	遮打	一九〇七年二月六日
英皇喬治五世（愛德華七世次子）	貝爾・艾爾芬	一九〇七年二月六日
雅麗珊皇后（愛德華七世皇后）	公眾	一九〇九年十一月二十五日
瑪麗皇后（喬治五世皇后）	麼地	一九〇九年十一月二十五日

非皇室人員銅像

名稱	捐立者	揭幕年份
昃臣	滙豐銀行	一九〇六年二月二十四日
港督梅含理	公眾	一九二三年五月三日
滙豐銀行紀念第一次世界大戰犧牲職員像	滙豐銀行	一九二三年五月二十四日

昔日端坐於皇后像廣場正中心的維多利亞女皇銅像，二戰後從日本尋回，經復修後置於一九五七年銅鑼灣避風塘填海改建的維多利亞公園內至今。

盟軍統帥偵查

香港銅像下落

「東京十九日合衆社電」盟軍最高統帥部民產管理處，現因偵查日軍佔領香港時，掠去之銅質維多利亞皇后像暨其他兩個形像之蹤跡，已向日政府要求歸還。該處擬收回後，即移交英當局云。

一九四六年七月二十日《工商日報》對二次大戰後香港銅像下落的報導

昃臣像現貌

銅像散失與尋回

日佔時期，物資匱乏，這批象徵英國皇室權力的銅像被運返日本以備熔作原料之用，日軍又以「佔領香港告諭」石碑封了維多利亞女皇銅像亭座。第二次世界大戰結束後，香港政府在駐日盟軍總部尋回了部分銅像，其中愛德華七世伉儷銅像被運返英國，維多利亞女皇銅像則改置於一九五七年落成的維多利亞公園內。廣場在一九六六年匯豐銀行一百週年紀念時重新設計及綠化，並加設了水池、涼亭等設施；尋回之昃臣銅像放回原處，成為廣場碩果僅存的銅像，繼續見證着香港的發展。

（林愷欣）

法國傳道會大樓

法國傳教士的熱忱

法國巴黎外方傳道會（Missions etrangeres de Paris, M.E.P.）自十八世紀已在越南等東南亞地區傳教，而人口眾多的中國更是其在十九世紀中葉以後傳教的重點地區。位處中國南陲及作為英國殖民地的香港，便被選擇為其對華傳教的總部。因此，自十九世紀晚期，該修會陸續購入物業，興建療養院、印刷廠、行政總部，但當政治環境改變，在華傳教希望轉趨渺茫時，便全面撤退。法國巴黎外方傳道會在香港的歷史正反映了這個小小的殖民地在一九九七年回歸祖國以前的獨特地位。今天，前法國傳道會大樓已成為香港特別行政區的終審法院，不過這幢建築物仍是這種獨特地位的歷史見證。

散步小貼士

- 昔日法國傳道會大樓為拱北行所遮蔽，拱北行拆卸後，站在德輔道中向中半山方向看過去，便能清楚看到這座由紅磚砌成的大樓。
- 延伸散步點：與法國人相關的宗教建築物，可參觀同屬巴黎外方傳教會的伯大尼修院（二級歷史建築，今香港演藝學院校舍），和加路連山道的基督君王小堂（屬於沙爾德聖保祿女修會，建於一九三〇年）等。

總督的官邸

一八四二年，當時的護理總督暨英國駐華副商務監督莊士敦（A. R. Johnston）在前臨海港、背枕政府山的山崗上興建了一所樓高兩層的大宅，作為官邸及辦事處，名為莊士敦樓。一八四三至一八四六年間，總督砵甸乍及戴維斯曾入住此處（開埠初期總督府〔即今日之禮賓府〕尚未興建）。一八七〇年代，大樓進行擴建工程，成為一幢樓高三層，附有地窖和兩座角樓的建築物，其外形與今日所見的相若。據記錄，這大樓曾先後是美商瓊記洋行大班住宅、太古洋行及俄羅斯領事館。

一八七九年，大樓由猶太裔富商庇利羅士購入，成為銀行高級職員宿舍與飯堂。庇利羅士為了表示自己對英國首相狄士累利（Benjamin Disraeli，又稱 Lord Beaconsfield，華人稱之為拱北爵士）的敬仰，把這座大樓易名為「比更是菲樓」（華人稱為「拱北樓」）。

值得留意的是，大樓南面亦有一座柏拱行（Beaconsfield Arcade），為香港首座多層購物商場，位於香港中環皇后大道中四號，香港匯豐銀行總行大廈後面，已於一九六〇年代拆卸。柏拱行在一八八〇年代中期興建，由巴馬丹拿建築師事務所設計，採用維多利亞式設計，是香港首座多層購物商場。至一九六〇年四月，柏拱行拆卸，改建成拱北行。政府新聞處辦公室曾設於此。

位於薄扶林的大學堂

宗教總部

法國巴黎外方傳道會在一六五九年於巴黎成立，是歷史上最早全力從事海外傳教的天主教組織。它直接聽命於羅馬教廷，肩負協助教廷傳信部制衡葡萄牙傳教權和建立遠東土著教會的使命。香港開埠未幾，法國巴黎外方傳道會已到香港傳教，一八四七年，其組織從澳門遷到香港。從一八四七至一八五〇年，該團體曾一度掌管香港天主教教務。一八七五年，傳道會在薄扶林興建了一所為年老及患病傳教士而設的療養院，命名為「伯大尼」。一八九四年，該會購入了薄扶林山丘上由蘇格蘭船東道格拉斯•拉比勒（Douglas Lapraik）於一八六〇年間興築的堡壘型建築，並進行擴建，作為該修會的印刷工場，命名為拿撒勒院（該建築物於一九五三年售予香港大學，五六年起正式用作大學男生宿舍，命名為大學堂）。

一九一五年，法國巴黎外方傳教會以港幣三十八萬元購入拱北樓重建，作為該教會之行政總部，定名為「法國傳道會大樓」，可見會方當時正積極拓展在華傳教事業。大樓由香港兩大建築事務所之一的利安建築師事務所（Leigh & Orange）設計（另一間是巴馬丹拿

側門正上方的小石碑代表法國傳道會大樓重建的標誌

前法國傳道會大樓現貌（今終審法院）

建築師，Palmer & Turner），工程於一九一七年三月十七日完成，外觀一直維持至今。

重建的大樓更名為「法國傳道會大樓」，屬於新古典風格，現時在香港已所餘無幾。整座大樓以花崗石和紅磚蓋成，樓高三層，並附有地窖及角樓。而其北面有一座圓頂的小教堂。二樓及三樓的露天遊廊已被封閉，廊外的柱墩因此被遮蓋了一部分。雖然大樓內曾多次進行裝修工程，但昔日宏偉之外貌仍保持，如質佳工細的木樓梯、穹形屋頂及天井等。大樓的斜坡由花崗岩牆鞏固着，石牆築於一八四〇年代，踞臨昔日美利閱兵場，但部分石牆現已由一道更鞏固和經修葺後的新護土牆所代替。時至今日，大樓外牆上仍保留了一塊石碑，上面刻有這次改建工程的完工日期；大樓背後仍有一個安放聖像的壁龕，見證了大樓曾經作為宗教用途的歷史。

大樓正門

大樓內部

大樓其後的命運

日治期間，日軍曾經佔用大樓為日本憲兵總部。一九四五年八月香港重光，當時被囚於赤柱的前布政司詹信（Frederick Gimson）曾於該大樓成立臨時政府總部。

一九四九年中華人民共和國成立，不少外國宗教團體陸續撤離大陸，法國傳道會鑑於已難以在中國內地傳教，便於一九五三年將大樓售予香港政府（同時售出的還包括拿撒勒印刷館），最初為香港教育司署總部，一九六五年改為維多利亞城地方法院，其後於一九八〇年再成為香港最高法院。一九八三年，大樓再改為香港政府新聞處辦公室，一九九七年起，該大樓用作香港終審法院。大樓於一九八九年被列入香港法定古蹟。

（梁操雅）

聖約翰座堂

英國人的宗教活動中心

聖公會（Anglican Communion）的香港島教區座堂聖約翰座堂（St John's Cathedral）座落中環炮台里（Battery Path），這座外牆純白、約二十米高的教堂，是政府山（Government Hill）的地標，也是現存遠東最古老的英式教堂之一、早期香港洋人社羣的聚會之所。

聖約翰座堂小史

聖約翰座堂在一八四七年三月十一日由第二任港督、漢學家戴維斯主持奠基儀式。時至今日，從座堂的入口，仍然見到這個深具歷史意義的年份。當時座堂的建築費高達八千七百三十六英鎊，分別由英國政府及香港教友籌款興建，並於兩年後落成及祝聖啟用。

香港開埠初年，聖約翰座堂與其他軍事及政府建築一起，在面對維多利亞港的山腳選址建成。聖約翰座堂與政府淵源甚密，例如在一八四三年至一八四六年間，曾被租用為臨時總督官邸的前法國傳道會大樓，和以往的美利炮台等軍事設施，均與聖約翰座堂比鄰。

聖約翰座堂的平面設計，由第二任測量總署署長卡拉弗利（Charles St George Cleverly）負責，於中殿及左右兩側的偏殿耳堂組成十字形佈局。加上鐘樓建築，座堂屬於維多利亞時期結合哥德式和諾曼式建築的例子，西面大門上有「VR」徽章，就是指座堂在維多利亞女皇（Victoria Regina）在位期間落成；在座堂入口的兩側，還有港督戴維斯及般含的徽章。

這座古色古香的教堂，曾經在一八七三年擴建東側並增加了六

散步小貼士

- 教堂外牆紋章上的星星等圖案與構圖都各具含義，象徵了受勳人的家族身份和地位，形成西方文化中一種專門學問，即紋章學。
- 從祭台前位置較能清楚看到左右兩旁的座椅，刻有海陸軍官和英國皇室的徽號。
- 參觀路線：聖米迦勒小聖堂→座椅旁的徽章→祭台→左右兩邊的彩色玻璃窗→地面上的花磚
- 延伸散步點：同屬聖公會的教堂，可參觀尖沙嘴聖安德烈教堂（二級歷史建築）、糅合中西建築特色的聖馬利亞堂。

十個座位，有愛丁堡公爵（Duke of Edinburgh）立碑為記。一九二一年舊副堂曾對外開放，成為皇家海軍成員冬季舞蹈盛會的場所。二次大戰後，在教堂內曾掛有由英軍捐贈的旗幟。座堂右邊的第一排有專為港督和英國皇室成員而設的座椅，以英國皇室徽號為記，而左面的第一排則有為英軍總司令（General Commander）而設的座位。椅子上面有海陸軍官徽章裝飾的共佔六百五十個座位中的二百五十個。在一九五三年英女皇伊利沙伯二世加冕的時候，又增設了一塊紀念牌匾以資紀念。教堂入口附近的牆壁上，亦有悼念已故港督尤德的碑記。

紀念已故港督尤德爵士的碑記

鐘樓

座堂入口刻有一八四七年的徽章

港督戴維斯的徽章

港督般含的徽章

座堂內部

紀念香港義勇軍麥斯維爾的墓石

座堂內彩色玻璃窗

日治時期的聖約翰座堂

在中環花園道四至八號的聖約翰座堂，建成以來一直為香港聖公會的主教座堂之外，同時亦見證香港歷史的戰火風浪。在日治時期（一九四四年七月），座堂曾被徵用為日本人的會所，因此曾作改建，原來的裝飾受到破壞，其中包括英國工藝師摩利斯（William Morris）所設計的彩色玻璃窗。直到戰後，座堂的委員會才把原有建築修復，並把第二次世界大戰殘留下來的木材，做成教堂正門的一部分，以及在聖米迦勒（St. Michael）小聖堂內，陳設當年在深水埗拘留營隨軍牧師與信徒聚會的金屬製屏風，還刻有奇切斯特的理查（Richard of Chichester）的禱文，也有紀念抗日捐軀者紀念碑和名冊，珍藏了不少具歷史價值的文物。教堂外的西北面，樹立了香港義勇軍麥斯維爾（Maxwell）的墓石及和平柱，這一切都是紀念第二次世界大戰的死難者。

另外，在教堂外牆亦有一塊紀念在一八五七年十二月二十九日第二次鴉片戰爭期間進攻廣州陣亡的英國海軍上校威廉•巴特

巴特上校在跑馬地香港墳場的墓碑

座堂外牆紀念巴特上校的紀念碑

（Captain William Thornton Bate, R.N.，一八二〇—一八五七）的紀念碑。在香港墳場威廉•巴特的墓碑上，雖然沒有提及他的出生日期，不過從他死時三十七歲，可以推斷他是一八二〇年出生的，其年齡及陣亡經過與紀念碑所載相同。

一八五七年十二月二十八日，英軍從水、陸兩路進攻廣州，英艦封鎖了珠江河面，並向岸上發炮攻擊。二十九日，另有英軍從小北門入城，然後攻佔越秀山，奪取制高點，控制全城。威廉•巴特海軍上校便是在攻城時尋找合適地點安放雲梯之際被砲彈擊中而殞命的。巴特素以英勇見稱，其陣亡深為其同袍及上司惋惜，故聖約翰座堂外牆嵌了一塊紀念碑，記述了其遇難的經過。（何偉傑）

選文思路

下文譯自一八四六年四月十八日的《華友西報》(Friend of China)。本文亦收錄在史學家白德（Solomon Bard）的《過去之聲》(Voices from the past: Hong Kong, 一八四二—一九一八）一書中。白德（Solomon Bard）博士曾作按語：

當時人語

「無論文章裏的批評是否奏效，這座香港殖民地教堂在翌年三月開始興建，並且在一八四九年三月投入服務；在一八五二年被祝聖為聖約翰座堂。雖然羅馬天主教在一八四二年已能夠在教堂中崇拜，但他們的大教堂（Cathedral）直到一八八〇年代也尚未建成。」

當時人語　《華友西報》論座堂

我們經常聽到一個問題：是甚麼原因延遲興建殖民地小教堂（Colonial Chapel）？……我們並非那些相信在大教堂（Cathedral）的牆內敬拜神明，會比在山邊的更加虔誠；但是在一個基督徒社羣之中，並不容許任何特別教派的成員去從事秘密活動（no religious intolerance compels the members of any particular sect to secrecy），我們當然認為任何不必要的延誤（興建一座合適的建築物）都是漠視責任的行為……

我們在香港的羅馬天主教教友已有一個像樣和合適的崇拜地點多年了。

聖約翰座堂現貌

梅夫人婦女會大樓

歐洲婦女來香港做甚麼？

創立於一九一六年的梅夫人婦女會，顧名思義是一個特別為婦女而設的組織。香港開埠初期，旅港的外籍婦女少之又少，來港者絕大多數是男性，當中亦只有少數能帶同妻兒來港。直至十九世紀末、二十世紀初，隨着歐洲社會轉變，婦女運動興起，西方婦女開始出外工作、傳教、旅遊及參與社會事務；年青的英國女性越洋到英屬殖民地尋找新生活成為了一個新浪潮。這些旅港的婦女不但為香港社會增添一股新動力，亦促成興建香港第一座婦女專用大樓「梅夫人婦女會」。

散步小貼士

- 延伸散步點：以梅含理總督命名的，有香港大學梅堂，與盧吉堂及儀禮堂合稱「明原堂」。
- 延伸散步點：與梅夫人婦女會性質相近、為本地外籍婦女提供消閒娛樂的會所仍有舊山頂道的 Ladies' Recreation Club。

梅夫人婦女會現貌

婦女會的誕生

外籍女性旅港的人數在十九世紀後期倍增，她們來港多從事護士、教師、打字員及傳教等工作，然而，早期的私人機構鮮有為女性僱員安排宿舍，另外當時香港為婦女而設的住宿設施及服務亦十分缺乏。有見及此，香港女青年會創辦人露絲艾爾（Lucy Eyre）等倡議籌建女青年旅舍，惜她於一九一二年因病逝，未能實現計劃。其遺願幸得到當時梅含理總督夫人（Lady May）支持，婦女會便是以她命名。

梅夫人原名 Helena Barker，一八六三年生於英國蘇格蘭，父親是駐港英軍司令柏加少將（Lieutenant General Barker，位於山頂的白加道便是以柏加少將而命名；政務司司長官邸及前駐港英軍司令官邸亦位於白加道），一八九〇年她隨父親來港，次年與父親的秘書梅含理結婚。中區及半山現存與梅氏相關的古蹟有梅道（May Road）、香港大學梅堂（May Hall）等。皇后像廣場於一九二三年為梅含理立有銅像，該像於日佔期間被拆去，未能尋回。梅含理又著有《廣東方言入門》和《在香港乘快艇遊覽》。梅含理曾任香港警察司，一九一二年出任香港第十五任總督，在港近三十年，對港事務熟識，梅氏夫婦並分別主持香港青年會及女青年會等慈善事業。

一九一四年初，嘉道理（Ellie Kadoorie）得悉梅夫人倡建婦女會，便主動捐贈一半的建築費用（一萬五千元），條件是將來的建築須以梅夫人命名；殷商何甘棠響應計劃，捐助另一半建築費用，此外，劉鑄伯、陳啟明及何東等富商亦相繼捐款支持。在總督梅含理的策動下，迅即覓得中環花園道會址，該處對鄰即為總督府，上方有兵頭花園，下有聖約翰座堂，旁為山頂纜車總站，距碼頭不遠，地利優越，既方便過港旅客，亦有利舉辦社交活動，對於需經常往返婦女會的總督夫人，實在方便不過。

婦女會主樓由建築師雷安及傑斯公司（Denison、Ram 及 Gibbs）設計，採文藝復興式風格建成，樓高三層，以白色作主色，端麗高雅，為中環繁囂鬧市中一個寧靜美麗的宅院。一九一六年九月十二日梅夫人婦女會（The Helena May Institute，後於一九七四年簡稱為 The Helena May）落成啟用，梅夫人為第一任的會所主席，此後總督夫人參與婦女會活動便成為了一個傳統。

功能與服務

婦女會成立初期，服務對象為歐籍婦女，當時唯一非歐籍的會員是贊助人何東的女兒何錦姿女士（華人婦女服務主要由一九二〇年成立的中華基督教女青年會提供）。婦女會有別於一般的社會組織，它糅合了會所、基督教女青年會、旅舍和社團組織的特色，集多功能於一身，為西方婦女提供了一個舒適的活動空間。婦女會的贊助人何甘棠在開幕典禮致詞時，亦提到婦女會的成立背景和目的：

「為在職及過境的婦女興建宿舍無疑是一個非常好的主意。類似的設施也可以在可倫坡、新加坡及其他東方國家找到。當興建大樓的計劃開始進行及決定選址後，婦女會的大計變得更宏大、更全面，希望可以舉行更多社交活動，提供互助、互相提升及聯誼的平台。」

（摘錄自一九一六年九月十三日《南華早報》）

梅夫人婦女會舉辦的慈善活動

「在今天下午舉行的梅夫人婦女會大樓開幕典禮是香港重要的社交活動。……對那些不太熟悉慈善活動的人來說……可能不太了解女士們的工作及婦女會的目的 甚至覺得這些事是毫無意義的，但對那些熟知慈善活動的人來說，大樓標誌着一股龐大力量的凝聚，如果沒有了這股能量，殖民地肯定會失色不少。……多年來，女士們都希望能有一幢合適的大樓供她們舉行會議和籌辦社交活動。」

（摘錄自一九一六年九月十二日《士蔑報》）

婦女會不僅為歐籍婦女提供了一個聚腳地，其所舉辦的活動，更令二十世紀初期香港西人社交和文化生活頓生姿采。婦女會大樓內設有圖書館、禮堂、活動室、花園及餐飲等設施，定期舉行聚會、講座、讀經班、音樂會、展覽和慈善活動。婦女會亦時有舉辦舞會和聚餐，歡迎男賓參加，唯嚴格規定不能於晚間留宿，根據記載，當時曾有多位男士企圖乘夜潛入，但都敗興而還。

婦女會啟用初期設有十二個宿間，主要為單身及中等入息的歐籍職業女性及過港旅客提供住宿，由於住房需求殷切，宿間常不敷應用，後曾進行裝修和擴建。一九二九年在金文泰總督夫人的推動下，更曾於九龍開辦分會，以期擴大會務，並舒緩宿位的訴求。

總督部發表公示
設立圖書分舘
地址在中區花園道

（本報特訊）當局爲謀使全港市民便利於研究文化及獲得精神食糧起見，特於昨（廿九）日佈公示第六十六號，設立部立圖書分館（香港市民圖書館），並擇定花園道前西婦青年會館爲館址，現經積極準備於短期內開放云，玆錄公示於后：

公示　第六六號

設立香港占領地總督部立圖書館分館之件

玆依據左開各項設立香港占領地總督部立圖書分館。

昭和十九年九月二十九日

香港占領地總督　磯谷廉介

計開

㊀名稱，香港占領地總督部立圖書館分館香港市民圖書館。

㊁地址　香港地區中區花園道（西婦青年會館舊址）。

㊂設立年月日，昭和十九年九月二十九日

一九四四年十月一日《香港日報》設立圖書館的報導，並刊登了香港佔領地總督部的公示。

大樓入口處的黑檀木椅

日佔期間的婦女會

日軍佔領香港後，婦女會停止運作，大樓的傢具被盡掃一空，只剩下兩張黑檀木椅，現仍置於大樓入口處。大樓初被日軍徵用作宿舍及馬廐，後被選作總督部立圖書館分館（即「香港市民圖書館」），而總督部圖書館總館設於香港大學，只供學者專用。

日人對文化宣傳工作經營用心，圖書館的內部設計出自日本圖書館學專家大山氏之手，一樓另闢有文化懇談室，供「香港東洋文化促進會」聚會之用。圖書館從籌備到啟用，歷時兩年多，書籍經過細心篩選，反日意識的圖書當然被抽去，其他大部分中、英文圖書調撥自香港大學，日文圖書則多由徵集及從日本訂購得來。圖書館的設立既為營造昇平之象，亦為宣揚日本文化的重要工具，這意念於一九四四年十二月五日總督磯谷廉介在圖書館開幕演說中表露無遺：

「在大東亞共榮圈內之中心要樞之香港，雖然未必是徒然排擊科學精神及技術之新來文化，然亦須加速剷除依存歐美之既往學藝

婦女會內的圖書館現貌

香港市民圖書館
昨日舉行開館儀式
培養智德向上 啓發精神戰力

一九四四年十二月六日《香港日報》有關總督部設立圖書館開幕的報導

文化，尤為緊要者是發揚以我大東亞為中心之思想，永建人倫之大道，並樹立以東洋固有之道義為骨幹之大東亞文化。因此香港總督部以整理及活用所保管之圖書為目的，創設總督部立圖書館，又為一般民眾的智德向上，啟發及培養其精神的戰力，特開設分館即此圖書館，希望各人能體諒其設立之宗旨，能養成雄偉健全之精神食糧，而完遂大東亞戰爭，進而有所貢獻於振興東洋文化，是所囑望云。」

（摘自一九四四年十二月六日《香港日報》）

圖書館雖開放予全港市民使用，但其使用率極低，可見日治時華人困苦恐懼的生活狀況。戰後婦女會大樓曾被英國皇家空軍部隊徵用，一九四七年一月始重開運作。

婦女會內庭

婦女會入口處

梅夫人婦女會
昨天召開年會
現有會員四六三名
存書逾七千四百本

一九五五年十月二十一日《大公報》頁六有關婦女會年會的報導

戰後的發展

隨着時代的變遷和社會的發展，婦女會大樓曾進行擴建及改善工程，一九五八年加建新翼，增設宿間，惜六十年代後期因政治及社會因素影響，入住率低，新翼曾租予香港童軍總會使用。

婦女會在一九七三年重修建新翼，加添設施，繼續為有需要的職業女性提供住宿。據資料所示，九十年代入住者多為律師行的秘書、外籍教師及投資商行職員，入住條件已再無國籍限制；會員亦廣及香港及不同國籍的婦女及她們的家屬，並舉辦更多多元化的慈善和文化活動，積極走進社會。婦女會在不同的時代發揮着同樣的功能，為婦女界提供一個優美獨特的空間；它見證了女性社會角色的轉變，以及香港的發展與變遷。

（林愷欣）

共濟會會所

合法的秘密組織

共濟會起源於中世紀歐洲，原是一個石匠的組織；後發展為一羣具共同理念的男性所組成的具有神秘色彩的秘密組織。近代的共濟會（Freemasons，全稱為Free Accepted Masons）成立於一七一七年的英國，是一種帶有烏托邦性質及宗教色彩的秘密結社組織。作為世界上最龐大的地下組織，總部設於倫敦市中心高芬園（Covent Garden），宣揚博愛思想，以及美德精神，追尋人類生存意義，號召建立和平理想的國家。世界上不少名人都是共濟會成員。

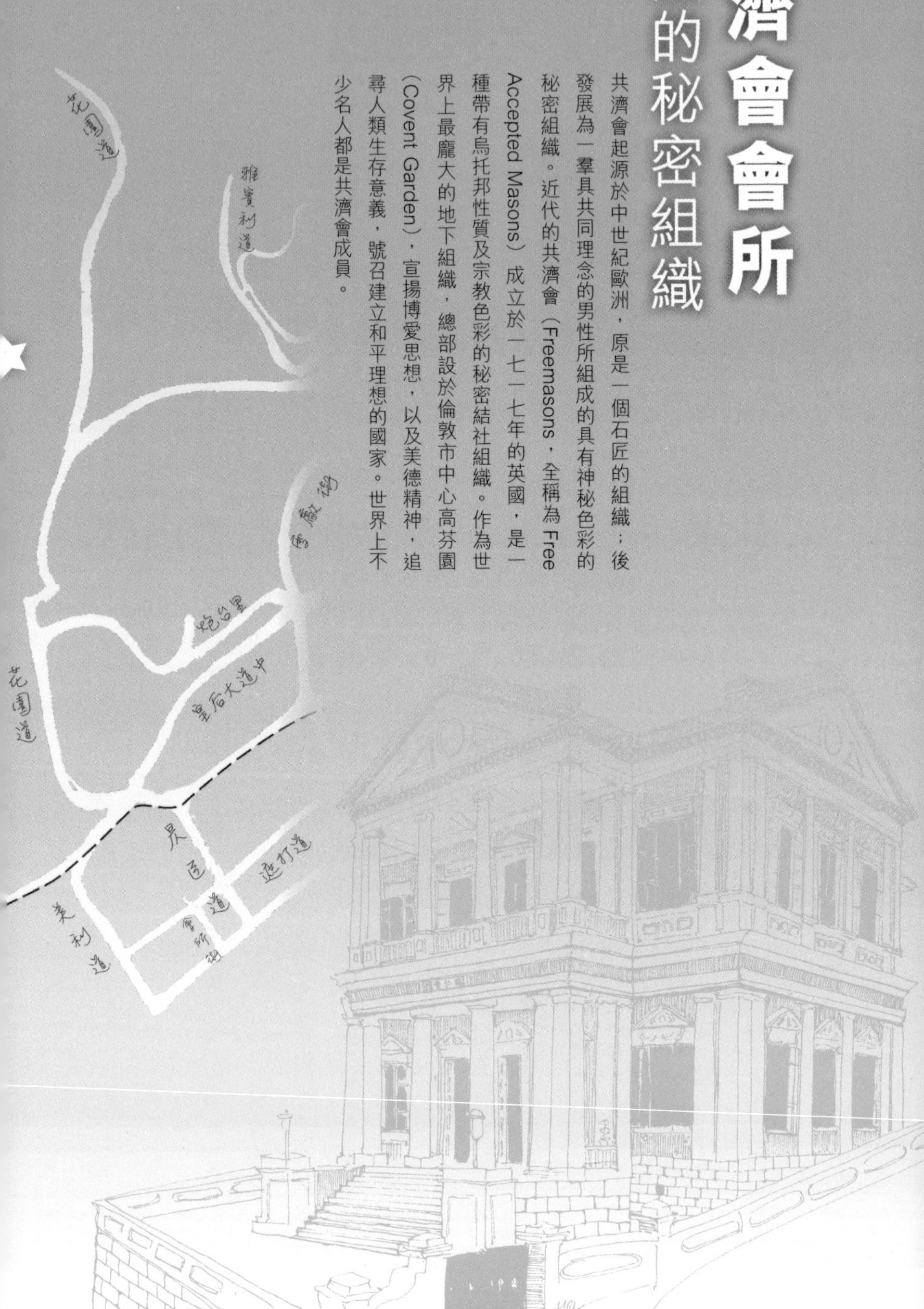

共濟會與中國

共濟會起源於中世紀歐洲，並於十八世紀中進入中國。一七五九年，瑞典東印度公司卡爾王子號「Prince Carl」載着共濟會成員到達廣東。一七六七年，有共濟會第四〇七分會在廣東開會的記錄。鴉片戰爭後，共濟會也在中國沿海港口城市逐漸建立起來，最早在上海，繼而在寧波、天津，然後是內陸城市，如南京、北京、哈爾濱、成都。在整個十九世紀，中國共濟會分會的會員都是外籍人士。

中日戰爭期間，大陸共濟會會員受到迫害，香港共濟會會員秘密地在赤柱監獄召開會議，當時的會議紀錄仍然留存。

香港中外名人中不少為共濟會會員，三位香港總督包括夏喬士．羅便臣、麥當奴及卜公都是香港共濟會名譽會員。十九世紀晚期至二十世紀初名重一時的華人領袖何啟及韋玉爵士，均為共濟會會員。較近期的，如前高等法院首席大法官楊鐵樑、希慎集團總裁利銘澤、國泰航空前董事姚剛、香港賽馬會前副主席周湛燊等，亦為共濟會會員。利銘澤更是首名成為共濟會香港及遠東區最高代表的華人。香港共濟會隸屬於有近三百年歷史的英國總會，時至今日，全球已有四十多個共濟會分會，包括日本、澳洲、美國等，會員人數共逾五百萬人，當中香港佔一千二百人左右。在香港，該會從事不少慈善工作。

香港共濟會會徽

雍仁會館現貌

共濟會的建築

香港的共濟會會所，稱為「雍仁會館」，現在位於半山區堅尼地道一號。但是，共濟會在香港的第一間會所卻是位於中環泄蘭街，即現在的新世界大廈，這是香港共濟會會所的首次誕生。泄蘭街會所建於一八四六年，九年後，即一八六五年進行重建，重建後的會所變得更具規模，相當引人注目。可惜，一九四四年，泄蘭街的雍仁會館在太平洋戰爭中被炸毀了，戰後，泄蘭街雍仁會館以港幣九十萬元賣了給香港電力公司。至一九五〇年，共濟會會員在現址，即半山區堅尼地道一號，再建共濟會會所。

現在的共濟會會所，是一幢三層高的建築物，門廊上方刻了一個圓規曲尺的標誌，左下方則是一個雲石碑，刻着「Masonic Hall」。圓規曲尺是石匠所使用的工具，上海一個共濟會的會所便稱為「規矩會堂」。

圍裙與彩色玻璃窗

會館內有小酒廊、餐廳。天花板佈滿星星、月亮及太陽，並陳設很多古代石匠使用的工具如圓規、曲尺、銼子和錘子等。而最顯眼的，便是會見到很多圍裙。

原來，圍裙是共濟會的禮服，會員開會時必需穿着。共濟會由石匠創始，古時石匠穿着圍裙工作，圍裙正象徵了石匠的傳統與精神。另外，不是所有圍裙都一模一樣的，像警察制服一樣，不同的圍裙代表着不同的等級，剛入會的叫「Enter Apprentice」（學徒），之後升為「Fellow Craft」（工藝技工），再高一級為「Master Mason」（資深石匠）。

以前，雍仁會館內還有充滿歐洲古老風格的彩色玻璃窗，這些彩色玻璃窗，說起來還有個小插曲。

二〇〇三年三月，香港立法會批准香港演藝學院將伯大尼修院及隔鄰的牛棚進行復修工程，改建作其校舍。在復修的過程中，建築工程師參考從巴黎帶來的伯大尼舊照片，發現小教堂內原來有十九扇彩畫玻璃窗，但是現在卻下落不明。後來發現雍仁會館內有七扇彩畫玻璃窗，形狀和大小都與伯大尼小教堂相同，並證實是來自伯大尼小教堂的。

原來，有位建築師曾經在置富花園附近發現彩畫玻璃窗，並放置在政府倉庫內。後來，他為雍仁會館裝修的時候，向政府申請使用這些玻璃窗，這就是雍仁會館內有伯大尼修院彩畫玻璃窗的緣故了。雍仁會館後來亦送回這七扇窗予伯大尼修院。

共濟會的入會資格是不限種族宗教，但須信奉有萬物主宰的存在、年齡至少二十一歲、男性、具有良好品格及遵守會社三大原則：博愛、仁濟及崇真，而且一定要有會員內部推薦。成功入會後，新會員須參加入會儀式，並繳交會費及入會費，合共約兩千元。事實上，共濟會會員都有頭有目，如在美國，就曾有十四任總統及十八任副總統跟共濟會關係密切。

在共濟會的會所內，可以見到掛滿了內地各城市所成立的共濟會的物品，包括旗幟、會徽、各種用品等。這是由於中華人民共和國成立後，共濟會撤離大陸時，把內地的物品都運到香港來。香港又再一次充當了政治避難所的角色。

跑馬地香港墳場內的高和爾墓碑上有共濟會會徽

共濟會與香港墳場

跑馬地香港墳場（前稱基督教墳場或殖民地墳場）內早年的墓碑上，不少刻上代表共濟會會員身份的圓規曲尺標誌，可知居港外籍人士中共濟會會員委實不少，比方在開埠早年叱咤一時的高和爾（D.R. Caldwell），因諳多國語言（包括粵語），官運亨通，從翻譯官拾級而上，終擢升為華民政務司，兼任撫華道，是管治華人最高級的官員，但後來被指控與海盜有關連，還納賄營私，終被革職。

高和爾的墓碑上有共濟會會徽，他的墓碑更是共濟會兄弟為他立的，據知他曾兩次擔任香港共濟會其中一個分會的總監。根據規定，天主教墳場是不容許入了共濟會的天主教徒安葬，而香港墳場是一個公眾墳場，原則上不同種族及宗教背景人士均可入葬，一九〇九年港府通過基督教墳場條例，指定聶斯脫利派、亞美尼亞教派、東正教及入了共濟會的天主教徒均可葬於聖公會主教所祝聖的土地上，跑馬地基督教墳場裏可看到不少刻上共濟會會徽的墳墓，正是這個原因。

（黃白露　丁新豹）

選文思路

一九六三年二月五日《文匯報》報導了首名英國共濟華人會員馬祿臣醫生離世的消息及葬禮的情況。

當時人語

首名英國共濟華人會員馬祿臣醫生

【本報訊】香港著名西醫馬祿臣，昨日凌晨因心臟病在堅道寓所逝世，享年八十有一。遺有妻子及三子、二女、五孫、二孫女、四曾孫。

馬氏一八八三年誕生於香港。一九〇五年二十二歲時，畢業於香港西醫學院（即香港大學醫學院前身），為第二屆畢業生。第一屆畢業生中有孫中山先生。馬氏畢業後即被港府聘為港府醫務官、大潭篤醫務官。翌年，被委主理九龍城醫務所、西營盤醫務所等職務。後又為聖約翰救傷隊義務醫生。

馬氏為第一個加入「英國共濟會」會員的中國人、第一個被港府聘為醫務官的中國人、第一個接受聖約翰勳章的中國人。

一九一〇年廣州水災，馬氏發起募捐救濟，成績斐然。當年，馬氏在港成立馬祿臣醫院以迄今；馬氏醫術精湛，為人和藹慈祥，甚獲愛戴。今不幸溘然逝世，親友無不痛悼。

馬氏葬禮將於明（六）日下午二時三十分假花園道聖約翰大禮拜堂舉行，隨即安葬薄扶林道基督教墳場。馬氏並已遺命懇辭花圈帛金等物。

總督府

港府權力中樞

香港禮賓府（即前總督府，Government House）於一八五五年建成，自第四任港督寶靈開始，為歷任港督以至現任香港特別行政區行政長官的官邸和辦公室，並用以接待貴賓和舉行重要典禮，乃香港極具代表性的歷史建築。

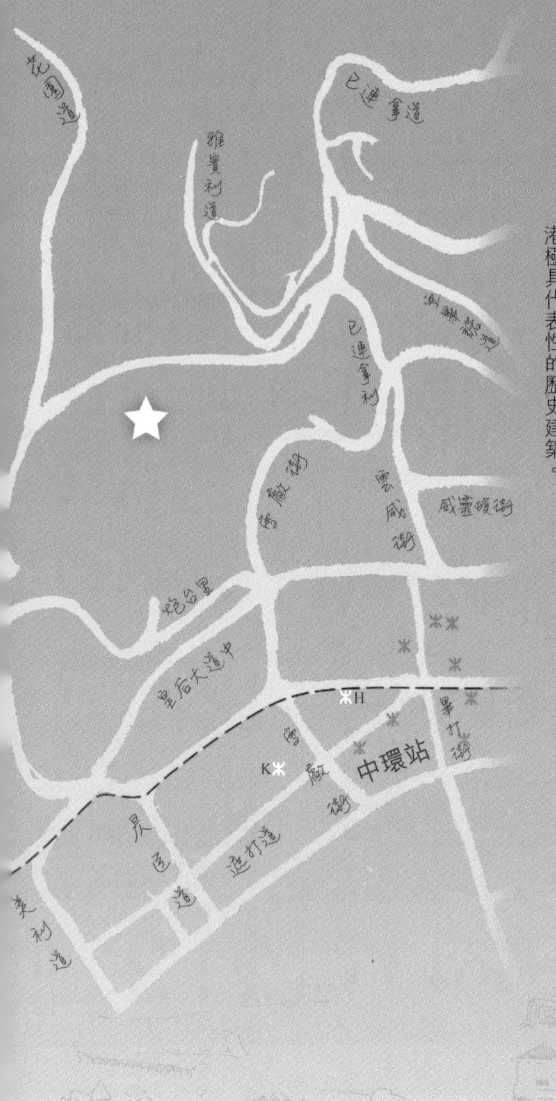

散步小貼士

- 在非開放與市民賞花的時間，俯瞰總督府的最佳地點是植物公園內接近上亞厘畢道處。
- 延伸散步點：屬於殖民地時代的官邸，還有位於山頂公園的舊總督山頂別墅遺址、前身為港督粉嶺別墅的行政長官粉嶺別墅、紅棉道的茶具文物館是前英軍總司令辦事處及官邸、白加道的政務司司長官邸Victoria House，即殖民地時代的布政司官邸。

選址與興建

一八四一年英國人佔領香港後，以中環一帶作為行政中心，將現今的花園道、上亞厘畢道至忌連拿利的山坡劃為政府山（Government Hill），建立殖民地政府。香港禮賓府位於政府山上亞厘畢道（Upper Albert Road）即以維多利亞女皇夫婿亞厘畢親王命名（Prince Albert: Duke of Saxe-Coburg-Gotha），背山面海，地理優越，前方遠眺維多利亞港，俯瞰中區景致，下達政府總署、聖約翰座堂，旁為金鐘軍區營房，後有花香林蔭的動植物公園，選址用心，能反映英人的管治與生活模式。然而，禮賓府並非在香港成為英國殖民地後便隨即動工興建，首三任港督都只租住政府物業或其他地方作為臨時的總督府。其建築工程直至一八五一年十月才正式展開，由第二任測量總署署長卡拉弗利（Charles St George Cleverly）設計（上環急庇利街便以他命名），施工期間又遇上種種問題，歷時四年方告竣工。

○嘉賓北上　前任美國總統羅斯福之妹偕[illegible]
便臣日前曾偕及子一人到港遊覽蒙盧督接
入督署暫住昨日已搭法公司輪船波利尼仙
北上矣
○盧督宴會華紳　昨晚盧督在督署宴會華紳
並請梅布政司、[illegible][illegible]華道白[illegible]牧師夏[illegible]判道
活[illegible]判道羅富士[illegible]督陪宴並將各紳之名列
[illegible]下　何沃生　何福　黃金福　容[illegible]
黃花農　[illegible][illegible]南　[illegible]子[illegible]　[illegible]孟[illegible]　陳[illegible]
卿　黎季裴　陳洛川　馮華川

一九一〇年三月十五日《香港華字日報》的報導，充分反映了「督轅」（即禮賓府）活動的頻繁。文右報導接待前美總統親信入住消息，文左則為盧押總督宴會華紳的名單。

使用和擴充

禮賓府使用初期，接待的貴賓都是外籍重要人士和皇室成員，港督堅尼地上任後始予華人商賈參與總督府的活動，成為開放總督府予華人之第一人。一八五五年建成的禮賓府只有一座以新古典主義建築風格建成的主樓，及後由於在禮賓府接待的賓客及舉行的活動日多，港督德輔在任期間決定加建東翼，擴充禮賓府的規模，新翼從構思到落成只花了三年時間，一八九一年得以啟用。一九三〇年代，使用了七十多年的禮賓府漸見陳舊，港督貝璐曾建議於馬己仙峽道另建新的總督府，但因經濟問題及第二次世界大戰爆發，計劃胎死腹中。

○督府茶會　昨日下午四點鐘港督為大學堂事特設茶會於府第請港中紳商到叙到者百人港督曾前次請諸君到此為大學籌辦經費擬設賣物會蒙諸公不棄衆皆贊成茲擬先借萬金為購辦各色品物之用蒙陳席儒庚如兩君各借二千員何甘棠伍漢墀劉鑄伯陳啟明馬應彪李瑞琴六君各借一千員共成一萬員均不計息俟賣物會事竣然後償還與諸公及港中富戶殷商樂助金錢品物等於會中俾成巨款則學堂之成尤賴有此一助他日港中大學堂內定將諸公之助力詳記以誌不忘諸意如此未知諸公之意若否衆皆贊成港督曰今請諸君皆為籌辦總理[illegible]衆中另選辦事總理諸公互相贊助會事遂請至園中茶會隨由馮華川陳啟明何甘棠等諸君勸捐助賣物會款招雨田林丹[illegible]兩君各捐五百員其餘有二百元者一百員者至少亦五十元共得壹萬有奇隨即選舉[illegible]總理以[illegible]為主席[illegible]道何啟君為副其次則劉鑄伯伍漢墀何甘棠陳席儒陳賡如曹善允馮華川等諸君共三十人且可隨時加入又於其中舉陳席儒君為司庫曹善允馮華川兩君為司理其辦事總理另日叙會

一九一一年九月七日《香港華字日報》載述，當時的港督盧押為籌建香港大學，在府內設茶會宴請外界商紳，推動籌款工作。

日佔時期大改裝

歷任港督以至香港特別行政區長官均有對禮賓府作出修繕，但現今所見的禮賓府外貌，實是在日治時期修建而成。日軍佔港後，總督磯谷廉介（Isogai Rensuke）雖沒有入住禮賓府，但仍以此作為督憲府，並委任了當時一位二十六歲的年青建築師藤村正一（Seichi Fujimura）設計及重建府第。新設計主要加建了中央塔樓，改用了日式瓦頂及修改牆飾；內部則裝設了日式趟門和榻榻米台，為迎合日人需要，又加設了茶室等；整體格局讓禮賓府變為了一所具東洋風韻的標誌性建築。一九四四年竣工，翌年，日軍宣佈投降。一九四五年九月十六日的簽署投降書儀式，正是假禮賓府舉行。當時所用的長桌，現置香港歷史博物館展出。戰後香港政府因見日人完成了禮賓府早前所需的維修工作，將官邸復舊如新，遂決定只作內部維修，繼續使用作港督的官邸了。

總督府的日式屋頂

歷史之謎

禮賓府在日治時期除了經歷過大改造工程，還埋下了一個歷史之謎。在一九四一年十二月中，香港淪陷前夕，港督楊慕琦下令將府內的遮打藏畫秘密藏起，以避日軍掠奪。由於三位負責收藏者相繼於日治期間離世，藏品的埋藏地點頓成不解之謎。戰後禮賓府內曾掀起「尋寶熱」，政府曾多次進行調查和發掘，但都是無功而回，藏品至今仍下落不明，繼續埋藏在歷史的深處。

山頂別墅

香港禮賓府門外有一塊刻有英文「Governors Residence」（港督官邸）的碑石，此石並不屬於禮賓府，而是前山頂總督別墅的界石。香港夏季炎熱難耐，一八六七年港督麥當奴購入了山頂棄置的療養院，建成瑞士風格的木房子，作為夏季避暑之用，成為了第一代的總督山頂別墅（The Mountain Lodge）。別墅曾兩度被颱風吹毀；一八九二年港督羅便臣策劃於原址重建別墅，後因一八九四年爆發鼠疫，計劃延誤，至一九〇〇年繼續重建，第三代的山頂別墅於一九〇二年竣工。新建的別墅可算是山上最宏偉的建築，然而，別墅使用率卻不高，交通不便或為原因之一，但主因實為一九〇八年禮賓府添置了電風扇，從此，夏天不再難受，山頂別墅亦不再是必須的了。一九三四年政府於粉嶺另建港督別墅，破舊的山頂別墅於一九四六年被拆毀，現只剩下別墅的守衛室，原址後改建成山頂公園。由於搬運困難，部分拆下的配件被棄於山坡，今還可見；二〇〇六年十二月在山頂公園改善工程時，發掘出山頂別墅的地基，引起了社會的關注。

總督府（今禮賓府）現貌

禮賓府今昔

在一九九七年香港回歸中國以後，政府的專家曾建議將前總督府更名為「紫薑」，但因與其他建築物重名，未有採用。根據政府所成立的香港回歸祖國紀念碑及前總督府新名稱工作小組公開徵集所得的「前總督府」新名稱建議資料，社會人士建議的名稱共有九百六十八個，政府最後取名「禮賓府」。禮賓府自一九六八年起舉辦開放日，近年開放日更增至每年兩次，讓大眾有更多機會入內參觀，了解其歷史與任務。

（林愷欣）

選文思路 ＞ 克寧漢

一八四四年英軍副官克寧漢(Captain Arthur Cunynghame)對香港的描述，可見開埠初期港督租住之莊士敦樓的模樣。

當時人語

一位英國副官對香港的描述

這個小城狹長而雜亂，依從此地的自然景觀而建，在山下有小塊地，可是山在夏天時卻把西南風擋住，令小城悶熱非常，在街上簡直不能呼吸。可是這裏的潛力又叫人難以估計，發展速度驚人。我初到埗時，這裏只有一些用竹搭成的小屋，但現在已大致成為一個有模有樣的小城，如果把自然的限制和土壤問題也計算在內，這裏的發展着實叫人驚訝萬分，大量的石頭被移走，富麗堂皇的石屋如今坐落在海邊，佔據了整個小城的海岸線。

總督府則聳立在一小片平地上，要是換了世界其他的地方，則「平地」大概是稱不上的。這座建築完全說不上是一幢好房子。現在這殖民地已肯定會繼續發展下去，相信亦會順理成章興建總督府及一座新的教堂的。

即使是最漫不經心的人，也會注意到那些宏偉的貨倉，因為它們比其他建築物大多了。而怡和洋行這家遠東商業巨頭則在小城的東側，佔地很廣。

選文思路

艾禾・安東盧域治・哥奇域治

本文是在香港大學圖書館發現（Class No. H.K.P. 九一五・一二五，G六七），由一位署名艾禾・安東盧域治・哥奇域治（Iosif Antonovich Goshkevich）的俄國人在一八七一年寫的。我們未能找到更多有關這位作者的資料或其他著作。這篇文章清楚地指出作者在一八五五年曾在香港待過，並對此處作了一番描述。由於時值英俄間的克里米亞戰爭（Crimean War），我們可以推斷作者是一位海軍軍官，和其他同僚一起被拘留在香港。不過，文章中並沒有提及任何有關拘留的事、或作者的官階及他所屬的船名。以下是該文章的中譯。

當時人語

俄人眼中的香港

英國在眾多中國島嶼中挑了一個對中國用處不大、土地不是太肥沃、光禿禿的小島。這個小島倒是對英國很有用，她有個很好的港灣，位處印度至太平洋的航線上。英國人在小島上建立一個城鎮，作為與中國及鄰近國家貿易的港口。這個城鎮正式的名稱是「維多利亞」，不過知道此名的當地居民很少。

小島遙望大陸的列島，有一條沿海岸線而建、名叫「皇后大道」的大街（雖然英女皇在可見的現在和將來也不太可能到訪此路），此外還有一些與大街平衡或垂直的小街。與大街成直角的小街一直延伸到山上，十分陡峭。因為山勢，後面的房子比前面的高出一整層，故此在山上的房子都可看到優美的港灣和城鎮。另外一些房子建在山腳下一片平地，綠樹林蔭為它們遮陰。大街被一條林蔭大道中斷，而一個地點方面、有羊腸小徑的公園一直綿延上山，因此本來光禿禿的山坡現在已被翠竹小徑和灌木叢所蓋住。在這裏與建房屋的人都設法遮擋熾熱的熱帶陽光，因此房子都有個共通點：它們都有有蓋露台、通風但陰暗的大廳，還有百葉窗這種家家户户的必需品。

在我看來，最美的樓房就是士兵駐紮的兵營，美觀與實用並重，被兩層高的列柱圍繞的中庭像羅馬的神廟般，把烈日完全遮擋。

剛建成的總督府在新近落成的花園中間，如果不是被其擴建部分所遮蔽，它本應是點綴香港最好的裝飾品。

另一些我必須提及的建築物是醫院大樓、會所和私人住宅，至於小島的西南早已佈滿了狹窄的街道和中國人的小房子，乏善可陳。

選文思路

本文收錄在《陳君葆日記》內。陳君葆（一八九八——一九八二）乃香港著名學者，曾任香港大學馮平山圖書館館長、中文學院教授。他於一九四五年九月十六日被邀出席日軍簽署投降書儀式，其日記記載了當時總督府內情景。

總督府（今禮賓府）大閘

當時人語

《陳君葆日記》一九四五年九月十六日　星期日

香港接受日軍投降典禮今日舉行，確實時間未定，只好在等，在苦候的時間中，寫社論《全面和平恢復而後》。至二時三十五分布洛克貝思來説，大家在車上等我一人了，因趕前赴，先到海軍船塢向金美格取得參加儀式證，然後在熱烈太陽下坐篷車到督轅。沿途由海旁至花園道每隔十尺許即站一水兵，這是等待大人物到來的。

好些時不曾到「督憲府」去了，記不起前回到這裏來時是哪一年。西班牙或南歐式的建築，想不到田中們竟住不穩反為「經之營之……不日成之」，後卻做了自己投降之處所，世事之滑稽，有如是者；徐徐步入廳堂，往正北直視，穿過兩重户直望到港內橫着的許多船艦，忽然想到許多的過去事蹟。穿過了應接室便是高兩層之預備舉行儀式的禮堂，室深約廿五尺寬約四十尺懸電炬耀目。當中長桌大小各一，其較長一桌，坐北向南分設座位四，左手橫頭離桌旁距離約尺許地，另置一椅，即為觀禮者福來塞上將座位。較小一桌，正對上桌，後置一椅即備降使簽字時用者。座位坐南向北。四周為觀禮者座位，並環立手持手提機關槍水兵六人。

兵頭花園

殖民地的第一個英式公園

兵頭花園（今動植物公園）是香港最早建立的公園，位於中環雅賓利道，並被羅便臣道、忌連拿利、上亞厘畢道及花園道等道路環繞，佔地五點六公頃。公園的正門設在雅賓利道。

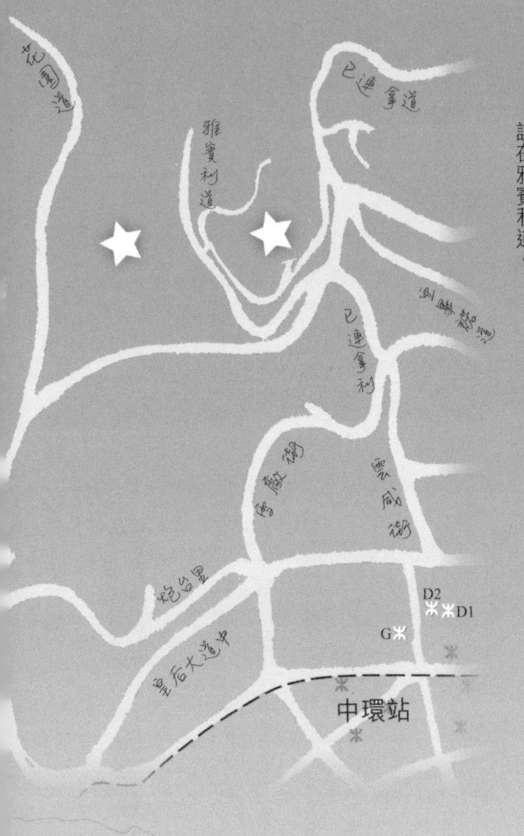

散步小貼士

- 從上亞厘畢道與花園道交界處進入兵頭花園，往上走是一條羊腸小徑（在噴水池附近），兩旁遍植密茂的楓樹，秋冬時節散步其間，別有一番閒趣。沿着小徑慢步前行，可抵達英皇喬治六世銅像及巴斯人出資建造的平頂涼亭，越過雅賓利道前行便是天主教總堂。
- 延伸散步點：兵頭花園與西營盤的佐治五世紀念公園同屬英式設計的花園，而九龍佐敦道的佐治五世紀念公園則以中國亭園設計；港九兩地的佐治五世紀念公園，一英一中，別饒遊趣。

香港植物公園

在一八四一至一八四二年間，兵頭花園的地段是曾作為香港總督的臨時官邸。及後於一八四八年，香港政府已有興建一個植物公園的計劃，但因財政不足而需要押後；而興建公園的建議，最初是由英國皇家亞洲學會香港分會（Royal Asiatic Society, Hong Kong Branch）提出。建築工程終於一八六〇年展開，並於一八六四年八月六日把第一期設施開放給民眾使用。由於公園以北的上亞厘畢道即為港督府的所在地，而香港市民稱統領香港三軍的香港總督為「兵頭」，所以這座公園普遍又被稱為「兵頭花園」。一八七一年，公園全面開放，並正式訂名為香港植物公園。香港植物公園的興建，與英國的公園（Public Park）一樣，最初也是作為研究香港植物的場所。

顧名思義，當時的香港植物公園內以植物為主。但自一八七六年起，公園開始飼養雀鳥及哺乳類動物，供觀光客觀賞。一八八三年，公園豎立了前港督堅尼地的銅像，以紀念他促成了公園全面開放及任內的其他貢獻。公園曾於一九三一年至一九三三年暫停開放，

以便在其底部興建配水庫。

日治時期，公園被易名為大正公園，並興建香港神社。公園內的堅尼地銅像也被運往日本熔掉。戰後，一九五八年在原址改放英皇喬治六世的銅像。其後公園擴建，主要闢作哺乳類及爬行類動物的居所。為反映公園內的動物日漸增加，所以在一九七五年易名為香港動植物公園。

隨着歲月的推移，公園一派祥和之氣，市民徜徉遊樂者眾。然而，與公園氣氛不太協調的，就是公園出口處一幅紀念二次大戰陣亡的對聯。唯一的解釋是，因為找不到地方放置，所以造成了這種「歷史的巧合」。

公園內豎立了英皇喬治六世（英女皇伊麗莎伯二世之父）的銅像。

石獅

香港動植物公園正門對聯位於公園正門石階頂上，是一塊石牌坊，刻有「為紀念二次大戰在港殉難之忠於聯軍之華人」字樣，其下有石獅一對。

香港早期的保育運動

一般認為，殖民政府興建兵頭花園是因為香港開埠初年的文娛活動不多，所以政府興建了一些娛樂設施，包括香港兵頭花園、大會堂等，供市民娛樂。但一個更有趣的說法是，香港開埠初年十分荒蕪，維多利亞城只是一個光禿禿的山頭，殖民地政府為改善居住環境，在港島進行大規模綠化行動，建成植物公園，後來更在一八七八年在該公園內成立的植物標本室。

「在光禿禿的山頭上，日曬雨淋，植樹是十分困難的事，那時沒有參考書，要不斷試種，才能找出最合適的品種。」現時主管標本室的漁護署自然護理主任（植物）葉國樑在接受《明報》的訪問時說，工作人員先在公園栽種實驗，再上山試，前前後後共試了「一打」，終選擇了榕樹作市區綠化植物，郊區則主要由耐旱的香港原產馬尾松負責拓荒。

印度學者 Guha 認為，第三世界國家的野生動物保育政策是由五個主要羣體所催生的：

（一）都市居民與外國遊客：遊樂；

（二）統治階級：宣揚政績、維護國家尊嚴；

（三）國際保育組織（世界自然基金會、世界自然保育聯盟等）：神聖使命感；

（四）國家的森林或野生動物保護機構：政府賦予的責任；

（五）生物學家：科學研究。

作為一個殖民地政府，為「宣揚政績、維護國家尊嚴」而興建公園，亦是可以理解的。

兵頭花園的軍事用途

在開埠初期，雖然《英皇制誥》上寫明，英皇的權力最大，其實軍方的權力才是最大。從駐港英軍司令官邸比港督府還要早九年建成，可見軍方的力量。英軍司令曾打過香港兵頭花園的念頭，企圖把維多利亞城以西的土地（即今日香港動植物公園和禮賓府一帶）劃為軍事用地。軍方看中兵頭花園，因為這裏是位置最佳的地方。

總督砵甸乍與軍方爭論，最後要由英國政府介入，經雙方作出讓步，爭議才得到解決。公園得以保留，而軍方亦得到現今金鐘一帶的土地。

香港最初的三位港督均沒有自己的官邸，直至一八五五年，第四任港督寶靈任內才有總督府的設立，而駐港英軍司令則早於九年前已有了自己的官邸。

巴斯人送的平頂亭（地台及支柱仍保持昔日原貌）

跑馬地巴斯墳場中律敦治的墓碑

香港的巴斯商人

香港動植物公園內有一個深綠色的平頂鐵架鑄亭，原為軍樂隊每週演奏之場地，是由巴斯社群在一八六四年送贈的，亭的底座有PARSEE COMMUNITY字樣，但字跡已開始模糊。巴斯人與香港關係重大，以前他們在香港有舉足輕重的地位，但現在說起來，香港市民會對這個民族感到陌生。

香港的巴斯人來自印度孟買，但其實巴斯人祖源在波斯（今伊朗），信奉袄教（瑣羅亞斯德教，Zoroastrian），因伊斯蘭教傳入，勢孤力弱，遂逃到印度西岸定居下來。在印度的時候，巴斯人生活逐漸印度化，英國人入主印度後，巴斯人與英國人結下良好的貿易夥伴關係。他們跟隨英國人到華南營商，廣州、澳門及香港均有他們的蹤跡。

香港的巴斯人，絕大部份是商人。於十九世紀晚期及二十世紀前期，一直活躍於香港商場。在一八四一年六月香港開埠後的第一次土地拍賣中，有四名巴斯商人搶先購地，對香港前景信心十足。一八六〇年香港七十三家註冊商行中，有十七家是巴斯人開設的。

香港大學內的麼地像

跑馬地巴斯墳場

一八六四年香港滙豐銀行委員會成立，十三名委員中，三名是巴斯人，其經濟實力可見一斑。

巴倫治洋行（Cowasjee Pallanjee & Co.）是一間巴斯人經營的著名洋行，一八四一年從廣州遷到香港，初以經營鴉片、調味料、絲綢為主，後來則轉為經營棉紗，並成為香港的主要棉紗商，左右香港的棉紗市場。在整個十九世紀，巴倫治洋行的業務蒸蒸日上，總行設在皇后大道中，一次大戰後便逐漸淡出了。巴倫治洋行的創始人卒於澳門，葬於該地的巴斯墳場。

在香港，為人熟悉的巴斯人有律敦治（Jehanjir Ruttonjee），主要是因為「律敦治醫院」的緣故。另一位港人熟悉的巴斯人是麼地爵士（Sir Hormusjee Naorojee Mody），他與赫赫有名的遮打爵士（Sir Catchick Paul Chater）是合夥人，跟當時的港督盧押稔熟，尖沙咀的「麼地道」便以他的名字命名，他是香港大學的主要贊助人之一，也是香港有數的大慈善家。巴斯人 Dorabjee Naorojee 是香港酒店業先驅，在港島及九龍擁有多間酒店，第一間渡海小輪公司是他創立的，這間公司後來發展成為今天的天星小輪。其實，巴斯人與猶太人一樣，天生擅於營商，他們都是一時的富商巨賈，而且樂善好施，在香港極具影響力。直至二十世紀後華商勢力冒起，巴斯商人才開始褪色。

巴斯人信奉的是祆教，現時香港的祆教徒大約不足二百人，銅鑼灣善樂施大廈是他們的聚會地點，其內有祆廟，聖火長燃。在印度，巴斯人奉行天葬，方式與西藏人相近，但在華南，他們入鄉隨俗，採用土葬，並在跑馬地設有自己的專屬墳場，名為祆教墳場。建於一八五二年，形態整齊光亮，甚具規模。與其他墳場不同，巴斯人墳場有三個特點，即「水井」、「火廟」，以及花崗石墓碑、墓棺和墓地。這三個特點，其實都與他們的信仰有關。祆教徒相信，人死後如果把屍體埋於土地，會對土地造成不潔，故以厚重的花崗石板造成墓碑、墓棺和墓地把屍體與土地相隔。而人死後，要先潔淨身體，故有「水井」之設；然後，要行拜火儀式，故有「火廟」。廣州黃埔及澳門亦有巴斯墓園，可以想見當年巴斯人在廣州、香港、澳門一帶的活躍程度。

（黃白露）

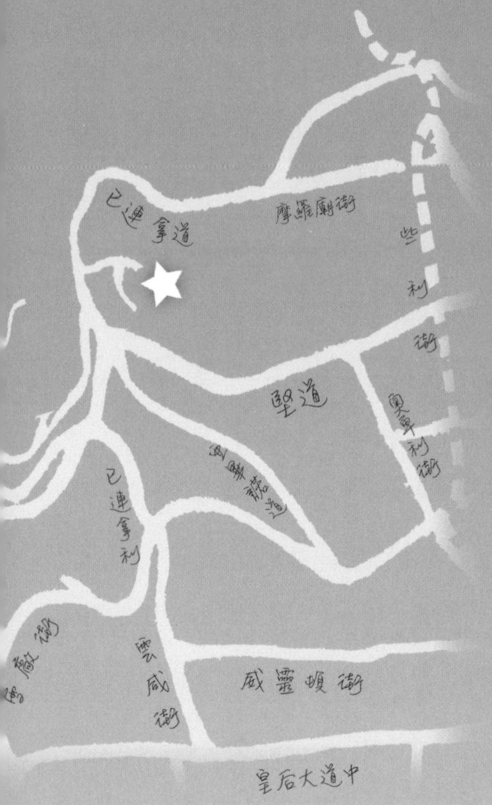

天主教總堂

葡人對香港天主教的貢獻

宗教建築往往是凝聚信仰羣體的地方，最能夠代表香港的天主教徒的建築物，當然首推現今位於香港島堅道的聖母無原罪主教座堂（The Hong Kong Catholic Cathedral of the Immaculate Conception）。

散步小貼士

- 早年由澳門移居香港的葡萄牙人多聚居灣仔進教圍，現時只剩下街道名字可反映葡萄牙人在港的歷史痕跡，聖佛蘭士街就是為紀念十六世紀傳教士聖方濟．沙勿略而命名。
- 延伸散步點：其他天主教教堂可參觀九龍太子道聖德勒撒天主堂、跑馬地的聖瑪加利大堂和加路連山道的基督君王小堂。

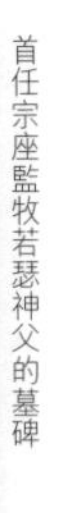
首任宗座監牧若瑟神父的墓碑

天主教總堂的建築特色

宏偉的香港天主教總堂是在一八八〇年代開始興建。在開埠初期，教宗額我略十六世（Papa Gregorius XVI）在澳門教區把香港島劃成為監牧區，並在一八四一年四月二十二日委任瑞士人教區神父若瑟（Theodore Joset）為首任宗座監牧。今天的聖母無原罪堂仍有他的墓碑，安放在主教座堂祭衣房門口通往祭台的地台上。石碑正對面的牆上，頭戴皇冠的木刻聖母像腳踏蛇頭，是主保聖母。

在設立監牧區後，不少其他傳教修會的神父亦由澳門來港，為香港島上的愛爾蘭士兵，以及來自澳門的葡萄牙人服務，形成最早期的天主教社羣。天主教徒最初的聚會之地，是早在一八四二年六月七日奠基，並於一八四三年六月十一日祝聖的舊聖母無原罪堂，位於中環威靈頓街六十至七十六號與砵甸乍街之間的山坡上。到了一八五九年十月十八日，正在擴建的教堂接近完工時，卻不幸在大火中連同中區不少店舖一同付之一炬，不過裏面由皮特蒙•薩丁尼亞（Piedmont-Sardinia）國王所送贈的正祭台，仍然安好地保存於現在堅道的總堂內。而當時天主教教徒的人數，也未有因大火而減少。

腳踏蛇頭的聖母像

總堂內的柱上鑲有捐獻人士的名字的石碑

聖洗池

於是，當時的宗座代牧高主教（Raimondi Timoleone）決定在忌連拿利附近一處山腰，亦即今日的堅道，購地重建教堂。於一八八一年十二月八日奠基，並於一八八三年十二月八日安放基石，而到場觀禮的嘉賓更包括港督寶雲等社會賢達。在兩年半後部分啟用，而原有的威靈頓街舊址亦於一八八六年被商家購買後拆卸。新教堂最後於一八八八年十二月七日聖母無原罪瞻禮前夕落成祝聖，並舉行首次獻祭。

今天所見的聖母無原罪總堂從外貌來看，中央有一九五〇年代加建的尖塔，其平面設計呈右邊耳室略長的不對稱拉丁十字形；而內部亦有尖拱、肋拱及先後在一九二三年及一九八五年加設聖人畫像及事蹟的彩色玻璃窗等設計，充滿典型中古歌德建築特色。主教座堂共長八十二米，內部最闊的部分是四十二米，共二十三點七米高，規模宏大並共可容納一千多人，當年建築費用高達港幣十二萬元。

祭台位於中殿和耳殿的交匯處，西南面特設有主教的寶座。另外，祭台右面的一條石柱，仍見一九四一年十二月十二日日軍炮彈導致的裂痕。教堂牆壁和石柱上共有二十位聖人的造像，而中央牆

聖若瑟小堂

聖心小堂

苦難祭堂

壁上的無原罪聖母像是木刻的，一九五四年聖母年時由全港天主教學生捐款購買；聖母像頭上的冠冕，則是香港天主教婦女送的。主教座堂內設有四個小堂，由左至右分別是聖心小堂、聖安多尼小堂、苦難小堂及聖若瑟小堂。

告解亭

總堂的屋頂

面對祭壇右側的彩色玻璃窗，繪有七位中華殉道聖人像，從上而下，分別是聖趙榮神父、聖徐德新主教、聖張大鵬傳道員、聖吳國盛會長、聖郭西德神父、聖嘉納修女及聖王亞納。

在祭台左側的彩色玻璃窗，繪有六位福傳中華的先賢像，包括利瑪竇神父、徐光啟、雷永明神父、真福亞松大修女、田耕莘樞機及聖福若瑟神父。

葡萄牙信徒的足跡

香港的葡萄牙人與意大利人對早期天主教的貢獻舉足輕重。聖母無原罪總堂內有三十八根花崗岩支柱的基石仍然刻有當年捐款建堂者的名稱，其中有不少是葡萄牙人，因此當年聖母無原罪總堂又有「葡萄牙廟」（Portuguese Temple）的外號。

在香港的葡萄牙人最早聚居的地方之一是灣仔星街一帶，由於他們不少是虔誠天主教徒，故這一帶亦稱「進教圍」（St. Francis Yard），後來為紀念十六世紀致力到東方傳教的聖方濟・沙勿略（Francis Xavier），這條街便易名為聖佛蘭士街（St. Francis Street）。

這些從澳門來港定居的葡萄牙人在開埠的二十年間約有八百人，主要是商人以及參與殖民地政府的工作，因為不少葡人除了葡萄牙文外，同時還會說英文及廣東話，是最理想的翻譯者。他們有四十人受聘於香港政府，而在洋行任文員的約有一百五十人，當中又以澳門葡人羅郎也（Delfino Noronha）開設的「羅郎也印字館」（Noronha & Co），亦即政府印務局（Government Printers）的前身，以承印《香港政府憲報》（Hong Kong Government Gazette）最為著名。在高主教主理教區的時代（一八六七年），香港天主教教友共有一千五百人，除了華籍的六百人及愛爾蘭籍士兵的三百人外，其餘便是葡籍和歐洲各國人士。

總堂現貌

意大利人的傳教事業

意大利人在香港開埠初期對宗教的貢獻亦不容忽視。根據夏其龍神父「香港天主教的成立」（*The foundation of the Catholic mission in Hong Kong*）的研究中指出，天主教教會在香港的外方傳教士中，是以意大利差會的人數最多。香港開埠後，最早來港的天主教修會是一八四二年的方濟會及一八六〇年的嘉諾撒修會，他們的成員主要是意大利人，不少神職人員在香港仍然使用意大利文及拉丁文寫作，而且在所屬的差會組織中，一般都是一生中大部分時間留在同一教區。當時到外地傳教的傳教士有三項宗旨，一是「向外」（拉丁文為 Ad exterda），意即在意大利以外的地方傳教；二是「異邦人」（拉丁文為 Ad gentas），就是到一些尚未信奉天主的地方傳教（正因如此，意國教士不會在德國、西班牙及愛爾蘭等地方傳教）；三是「一生人」（拉丁文為 Ad venta），一位神職人員到了外國傳教，就是一生的奉獻。我們從香港天主教傳教史中得知，在一九六九年以前，有五位香港主教是意大利的會士，當中包括高主教（任期：一八六七—一八九四）、和主教（Luigi Piazzodi，任期：一八九四—一九〇四）、師主教（Domenico Pozzoni，任期：一九〇五—一九二四）、恩主教（Henry Valtorta，任期：一九二六—一九五一）以及白主教（Msgr Lawrence Bianchi，任期：一九五二—一九六八）。

另外值得一提的是，意大利的天主教徒亦有在澳門的天主教建築作出貢獻。根據澳門著名葡萄牙耶穌會史家文德泉（Manuel Teixeira）在《耶穌會士於澳門開教四百週年》一書中的記載，澳門聖約瑟堂於一九〇三年和一九五三年都被耶穌會士重修過，最後一次重修是由 Oseo Acconci 主持的，正門前有塊大理石上面刻有拉丁字樣：耶穌會士神父行了本堂奠基禮，獻給聖若瑟，由一七四六年開工至一七五八年竣工；一九〇三年重新番修裝飾。而聖若瑟教堂是位於澳門風順堂上街，與聖若瑟修院合稱三巴仔。而Oseo Acconci就是意大利人，其家族的後人仍然在澳門及香港生活，稱為夏安志家族。

（何偉傑）

選文思路

關於主教總堂的奠基儀式，一八八三年十二月十五日《天主教紀錄報》（The Catholic Register）有正式的報導。本文選自由聖神研究中心出版，田英傑編著、游麗清翻譯的《香港天主教掌故》。

天主教無原罪總堂的奠基

聖堂奠基儀式於星期六下午隆重舉行。基石位於此建築物的西北角，儀式舉行得很隆重。環繞着地盤的是廣大的空地，在北端則建了一個有蓋的閱台，以招呼特別邀請的嘉賓。到會者包括港督寶雲夫婦及其女公子、高級官員、外交使節等，其中很多是葡籍人士。儀式開始，首先是兩排葡萄牙小女童揮舞着小旗，從入口處魚貫進場，隨着的是一羣中國女孩，然後是較大的隊伍，最後一批是年輕女士，而這些女士來自各修會及其他天主教教育機構，各有美麗的旗幟標誌着。跟着，她們列隊繞場一周，然後聚集會場兩邊，佔了大部分位置。之後，男孩子則依同樣的程序和形式進場，也跟着站在會場兩旁其餘的地方。跟着，高主教領着一羣神父又進場了，其中還有哥斯主教（Bishop Cosi），他是途經香港前往山東工作的，剛於當天才乘郵船抵達，趕及參與盛典。整個儀式由高主教主持，主要部分是在正祭壇旁邊的一張桌子上舉行，該處接近基石，他們也在那個地方繞行。

儀式的第二部分，是高主教向會眾發言，他說：親愛的朋友們，若干年前，我們只有一間很小的天主堂在威靈頓街，雖然曾經擴充，但仍未能配合中國天主教友的需要，於是，第二間聖堂便在灣仔建成。不久，第三間聖堂——為說英語的天主教徒而設的聖若瑟堂亦落成；而最近，又有一間聖堂在西環啟用。我們以為，我們暫時已有足夠的聖堂，但事實顯示，教友的增加，連總堂也顯得太小了。在主日，最少有四台彌撒連續舉行，而在大節日舉行隆重禮儀時，很多教友都被迫站在聖堂門外參與。此外，在威靈頓街的聖堂，由於受過鄰近大火的波及，已不大安全。因此，我們要在這塊闊大的土地上建一座大型總堂，以滿足天主教徒現在及將來的需要。這塊土地是經由仁記洋行（Messrs. Gibb、Livingston & Co.）買來的，雖然離市中心較遠，但我敢斷言，這裏比較目前位於威靈頓街的總堂，更接近教會團體的中心；我甚至敢說，這座聖堂建成後，將吸引數以百計的居民遷來這裏，正如數年前，很多人來此旅遊一般。初時，這裏的地勢不平，我們需要時間和金錢把它整理。

在衞神父（Fr. Vigano）不倦的監管和陸軍工程部能幹的測量員菲林明先生（Mr. Fleming）的督促下，地基打好了，最困難的部分已完成。因為這是既冗煩又令人掛心的部分，我們不知它究竟需

總堂內部的現貌

要多長時間和花費多少金錢才能完成。但現在，這些問題都已經解決了。我們將懷着更大的信心進行我們的工作。整座聖堂長達二百七十二呎，內裏最闊為一百三十二呎，高七十呎，由倫敦 Messrs. Crawley、Hanson & Co. 策劃。正如你們所見，至少有三十四條花崗岩支柱，四條較大支柱位於交叉甬道。磚石建築是第一步要做的工作，需時好幾個月，之後的工程會進展得較快和容易。談到那些柱，很高興得到一些人士解囊捐贈，我們一定會把這些善長的芳名刻在柱上，並希望每一條柱都能刻有善長的芳名。

還想一提的是，有一位葡萄牙籍善長慨贈了一座新風琴給聖堂，亦有貴族及皇室人士也有意捐贈一些東西給聖堂。至於聖堂的位置，真是得天獨厚，在它前面有美麗的公園，置身其間，使人進入沉思默想中，鮮花的芳香，更令人想到祈禱的芬芳，這實在是一處清雅高尚的地方，同時也是人們常聚集的中心地帶。我們深知這項工作的困難，但有你們的合作，一切困難必能克服。為了你們，也為了你們的子女，我們負起這件艱鉅的工作。看一大羣年青人一天天長大起來，他們推動我們前進，似乎對我們說：「給我們地方吧，這是我們的時代。」所以我們應該為他們安排一個適當的地方，使他們能一起敬拜造物主，學習基督徒的本分，否則他們便被剝奪宗教培育，因而無法成為良好的教友和有用的市民。我希望聖堂能在兩三年內完成，更希望在一八八六年十二月八日再在這裏跟你們各位聚首，共同慶祝它的啟用。然而，請讓我向上主說：「現在讓祢的僕人平安去吧，因為我看見了上主所渴望見到的事。」但倘若主不願意我看見這事成就的話，我也一樣高興，因我已做了最重要的工作，做了一件最能裝飾香港市容的工作，同時也使天主教徒們能在英國政府的代表寶雲領導下，自由自在的生活。今天，他和他的家人列席，使我們感到不勝榮幸。

最後，把香港流通使用且刻有鑄造之年月日的各款硬幣，以及若干份當日的報紙，都一起放置在基石的缺口，儀式才告結束。史提芬斯先生（Mr. Stephens）還拿了一本冊子請港督及其他在場官紳簽名，以留紀念。

選文思路

外界報章對天主教總堂，也有詳盡的描述。本文節錄於《香港天主教總堂一八八八至一九三八年金禧紀念特刊》頁7-8。

當時人語

報章對天主教總堂的報導

十二月七日星期五早上，位於堅道的天主教新聖堂，由波頓主教(Bishop Bourdon of Burma)主持正式的啟用儀式。穆神父以葡語致詞，結束時，波頓主教主持彌撒，全體神父襄禮。署理港督史超活（Hon. F. Stewart）亦出席參與。翌晨舉行了大禮彌撒。以下是聖堂由興建到完成過程的描述：

地基工程已由菲林明先生開始，他也在建築物內築起了圓柱。之後，工程一直在地區測量師的監管下進行。一八八六年，菲先生逝世，工程由京士頓先生（Mr. Kingston）接手，他把工程的一邊築到牆頂，另一邊只築到下層窗户，便離開香港，餘下的工程改由格力哥利先生（Mr. Gregory）完成。現在這座美觀的建築物，有二百零七呎長，中央殿闊六十呎，整個聖堂寬一百呎，中央尖塔內部的高度為九十呎，中央尖塔外部高達一百三十五呎。而這個中央尖塔接連起屋頂所有交叉點。兩邊分別有四個二呎乘二十五呎的彩色玻璃窗，門廊用拉丁文寫着：教宗良十三世紀晉鐸金禧年……

在中央尖塔下之東面，有一個彩色玫瑰式圓窗，其下有雕刻得很清楚的天主教標誌。中央尖塔的每一邊均有七個壁洞，每個壁洞都有兩個用鐵鑲嵌的彩色玻璃窗。沿着尖塔而下，交叉點的每邊亦有六個壁洞，而每個壁洞也有一個同樣的窗。光線透過這些窗户，把堂內一切通道照得一片光亮。南面的主要鐘塔，在建築完成後，會有一百五十呎高。它現在與屋頂的高度相若，約六十八呎。屋頂本身就是一個美麗的裝飾，它以鑄鐵造成，鐵材料和工程由 Messrs McFerlane & Co. of Glasgow 供應和負責。主塔也是哥特式，每邊皆有支壁，以磚砌成，裝飾得十分自如，頂部又有兩個鍍金的小尖塔。支壁沿着建築物的每邊通道垂下，一共有二十八條之多，是用藍磚鑄模而成。整個主要建築也是用藍磚造成，與那些由士敏土和紅磚造成的懸空支壁十分配合；祭衣房也是藍磚砌成，位於主要建築物的後部。

聖堂內部可容四千人坐下。另一端，留有空間以擺放風琴及容納唱詩班。支撐着中央尖塔內部的支柱都是美觀的花崗石，地板則鋪上由廣州運來的大理石。圍繞着聖壇的欄杆由白色大理石造

祭台

成，窗户的木料是柚木，門也用同樣的木料造成。用哥特式雕刻得十分美麗。聖堂東側有來自意大利 Carrara 的上乘大理石造成的祭台，上下部各有意國彩色大理石所製的盾形紋章，聖堂中央的所有聖像，都是 Sabatelli 畫室的原作。聖堂東側的壁龕是一個祭台，它仿如大理石的袖珍聖堂，也是用意大利大理石造成。跟着的一個祭台是總堂內最好的一個，表示「七苦」，是香港的包格先生（Mr. R. Braga）所贈的，它的中央有很多精細的雕刻，環繞着一個以彩色玻璃封着的精美蠟像，蠟像的人物是背着十字架的基督。在聖堂的西北面，是另一個三色大理石所建的美麗小聖堂，有一些大環柱圍繞着 Sabatelli 所畫的童貞聖母圖像。

新總堂的建築費用約十二萬元，由於高主教正身在美國，要待他回來，才能祝聖。

選文思路 恩理覺主教

本來聖堂預期三年內完成，但結果延遲了兩年，到一八八八年，始行正式啟用。總堂落成五十年後，才舉行祝聖大典，一九三八年十一月二十七日，恩理覺主教發表了一篇牧函，向教友宣佈和解釋祝典的意義。

當時人語 天主教無原罪總堂的祝聖大典

「親愛的神父教友們，祝你們康健幸福。」

「我欣然的告訴你們：我們的無原罪大堂曾於一八八八年十二月七日祝聖，八日落成，而定於今年十二月八日舉行金慶盛典了，這實在是一件重要與有意義的事。」

「照聖教會悠久的沿習，凡主教區或代牧區都須有一總堂，為各堂口的母堂，因為這是一切公教工作的正式中樞——它由主教主持，而主教則由聖教的元首所指定，以管轄及引領其羊羣，他就是一切信友的慈父與善牧。這個金慶就是我們教區歷史中一個不應擦抹的碑記。」

「回顧這五十年的歷史，我們不勝感謝天主曾降福我們的教區，所以我決意於十二月八日舉行祝聖我們大堂的盛典，以作愛情與感恩的標記。」

「至於祝聖聖堂的意義，就是規定一座建築物，以特別的儀式來清潔它，以專供敬拜天主的禮儀。祝聖與非祝聖的聖堂實有分別，因為非祝聖的聖堂，如有充足的理由，可以變供別樣的用途；至於祝聖的聖堂，則絕對永遠保存為敬拜天主的——成一祝聖為仁慈天主的寶座；耶穌降來那裏，做救世的工作；俯聽我們的祈禱及領受信友一起公行的敬禮。」

「祝聖聖堂更有深刻的意義：所行的禮儀，不僅注重新堂物質上的利益，且還勸告我們，敬拜天主，不單在乎多建聖堂與多遊行——外教人亦如是——但最重要的，就是我們的靈魂，必須成為天主的聖殿；我們的生活，必須配得聖殿與獻祭天主聖三的祭台之尊嚴。」

「祝聖的聖堂，既是這樣神聖，所以在傳教區內很少舉行這個美妙的禮儀；因為傳教區內不大安全，聖堂易遭褻瀆。在香港方面，似乎絕無這種危險，是以我想為教友們首先在香港祝聖這間大堂。而這祝聖的大堂，在全中國境內，若不是獨一，至少亦算是罕有的。」

「我行這個祝聖的禮儀，還有別的用意，就是想提出聖教會的公

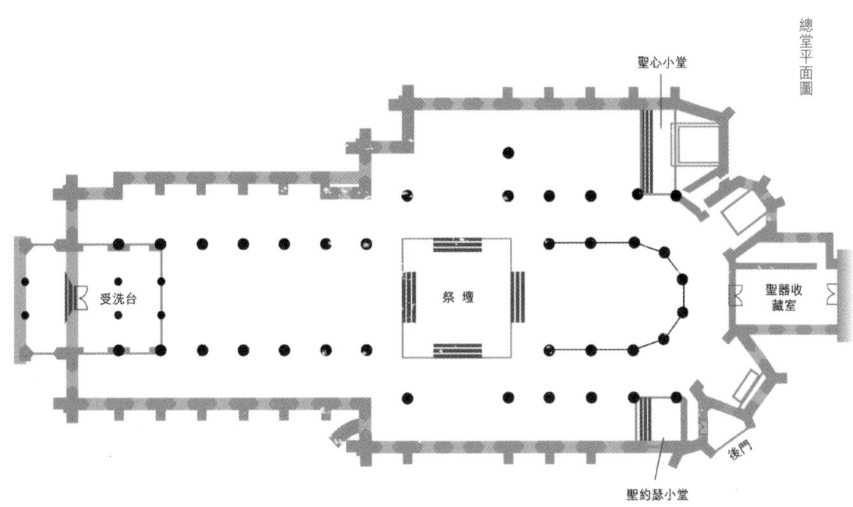

總堂平面圖

祈禱與敬拜天主的重要意義。」

「所以總括起來，祝聖大堂是給我們信友的一個使命，使我們要以真誠信友的生活，把我們自身祝聖獻給天主。因為如果我們信友不把自己與聖堂一併祝聖，只祝聖聖堂則等於無效。於是請將此盛舉給大家作一新的鼓勵，使大家以更新的熱誠及神生的進展，以祝聖自己靈魂，成為不朽之宮殿。使我們不幸的世界裏日益加厲的災殃，開啟我們的眼光，看破物質世界的虛假，給我們更清晰的意義，認識我們的使命，做良善的基督信友，補贖觸犯造物主之罪惡。我們聽祂的聲音，以補贖及祈禱的精神皈依祂吧！」

聖母無原罪總堂的祝聖大典，終於在一九三八年十二月八日舉行，有恩理覺主教（Mgr. Valtorta）、澳門倫斯主教（Mgr. Dacosta Nunes）及巴黎外方傳教會納匝肋院長達斯華爾主教（Mgr. Deswaziere）三位主教參加。三天後，舉行了隆重的公眾遊行，給香港市民留下深刻的印象。

中區警署建築羣

開埠早年執法、裁判與囚禁的三合一建築羣

在殖民地歷史開始之後，香港島現存最早、最大型，而且未改建的歷史建築羣，要算是中環荷李活道（Hollywood Road）的域多利監獄、前中區警署及前中央裁判司署了。建築羣包括了二十七幢維多利亞及愛德華時代建築特色的建築，佔地共二萬二千一百五十平方米，象徵了殖民地時期的「法律及紀律」（law and order）。

散步小貼士

• 延伸散步點：與中區警署同樣興建於十九世紀的警署，還有舊赤柱警署，為現存最古老的警署建築，二次大戰期間為日軍徵用作分區總部，戰後恢復警署用途，直至一九七四年，現址已為超級市場；尖沙咀的前水警總部，曾是沿海的報時球塔，也是懸掛颱風訊號之處。

裁判司署——為甚麼是三合一？

裁判司署可能早在一八四七年已在現址興建，但現存的建築物則在一九一三年動工，翌年落成。時至今天，中區警署建築羣之中，只有前中央裁判司署未曾開放給遊人參觀。對於大部分奉公守法、從沒被起訴的市民來說，這座有希臘古典式石柱、宏偉地下室的前中央裁判司署，是否香港人「集體記憶」及「身份認同」的一部分呢？

一八四一年英國海軍登陸香港島，當時的英國最高代表人駐華公使兼商務總監義律（Charles Elliot）在二月二日頒發法令，華人仍然依原有風俗生活並繼續使用大清律法判案。雖然英人廢除部分酷刑，但「枷號示眾」和「笞刑」刑罰卻沿用不改，而歐洲及南亞諸國人士，則以英國法律管治。

為甚麼要把警署、監獄和裁判司署建在一起？除了可節省押解時間，犯人可以「一條龍」地由中區警署緝拿，交予地方法院審訊，再判入域多利監獄之外，更重要的原因是義律在一八四一年四月三十日委任駐軍第二十六兵團威廉•堅（William Caine）上尉為首席

中央裁判司署

裁判司，並成立臨時警隊維持治安，兼掌監獄事務。為了方便工作，中區警署建築羣便應運而生。

英國警司梅理（Charles May）在一八四五年三月抵港，成為殖民地警隊正式建立後的首任總長，而域多利監獄就在一八七九年脫離警隊管理。半山區的堅道（Caine Road），以及香港灣仔軍器廠街警察總部的堅偉樓（Caine House），便是為了紀念這位早期的殖民地官員而命名。

但是，對部分認為「生不入官門，死不入地獄」的早期中區華人來說，他們寧願在荷李活道文武廟的神靈面前宣誓，由地方紳衿仲裁解決，處理民間的私人恩怨及錢債等民事案件。因為這樣可以不必驚動港英官府，更可以避免言語障礙。另外，由於監獄、警署、裁判司署及文武廟等早期開埠建築，同樣是位於荷李活道，因此出現了香港最早由殖民地政府修建的道路是荷李活道的說法。

中區警署——香港法治的第一步

香港警隊的總部起初是位於今天域多利監獄的位置，至一八六四年才遷往荷李活道十號的現址。此後，這所前中區警署（Central Police Station），直至二〇〇五年十月以來的一百四十多年間，是香港警隊的要地，故俗稱大館。

前中區警署內歷史最悠久的建築物，是原高三層建於一八六四年的宿舍大樓，其中有不少拱廊及古典的大柱襯托，毗鄰域多利監獄。其後於一九〇五年，警署主樓加建了一層。今天位於中區警署正門入口的斜路，左旁有保存了花崗石樓梯的A座及B座舊警察宿舍，其建成年份早於一八八〇年，有鐵陽台的C座與D座則在一九一三年落成，同樣保存完好。

其後，中區警署逐漸擴建，例如面對荷李活道的四層高大樓的主樓附翼，主要是在一九一九年使用水泥輔以紅磚建成。及後，一九一〇年代後期至一九二〇年代中期進行擴建了荷李活道和奧卑利街（Old Bailey Street）交界的新翼及馬房等；一九二〇年至一九二三年期間，警署內增設警察訓練學校。在警署中央的廣場西北端的

中區警署現貌

中區警署閘口

兩層高建築物，亦即現時為香港島交通意外調查組辦公室，本來是一九二五年增建的軍械倉庫樓房。一個富有活力的警署建築羣，同時又與鄰近的監獄及裁判署合為一個整體。

域多利監獄舊址（即今奧卑利街警察宿舍）

域多利監獄——香港第一所監獄

香港最早以耐用物料建成的英式建築物是甚麼？答案很可能是建於一八四一年的域多利監獄（Victoria Prison）。域多利監獄最初建於奧卑利街現址的對面（即今警察宿舍），如今大部分舊建築已經拆卸，只餘下一部分圍牆。當年孤懸於華南海岸的香港島，是海盜及土匪等不法之徒逃避清廷官府追捕的避難所，香港被英國人佔領之後，滿清官員不可上岸執法，英人亦需要更強的保安及刑罰設施，因此香港第一所監獄便應運而生，這也令香港有別於其他的英國殖民地，例如印度，當地最早期的英式建築物，多為貨倉及軍營等，與香港的情況截然不同。

現今的監獄建築物位置，是一八四一年香港被佔領後，首席裁判司威廉•堅臨時搭建的草棚辦公室的位置。今日所見，除行政樓外共有六個監倉，是一八五七年以來多次擴建監獄的結果。直至一八九八年擴建之後，今天監獄四倉成「T」字形建築的格局才告定型。到了一九〇〇年，正式定名為域多利監獄。

一九四一——一九四五年期間，日本侵佔香港，四倉部分及六倉

域多利監獄的女囚倉（因為部分囚犯有小孩，因此牆上有些卡通圖案）

被日軍炸毀，而域多利監獄改為囚禁英軍及歐籍紀律部隊等之用。一九四六年香港重光，域多利監獄改名為域多利還押所（Victoria Remand Prison），並於兩年後修復六倉並交與「羅郎也印字館」（Noronha & Co）作印刷工場。直至一九五六年，六倉才再改回收押室、辦公室、囚室及儲物室之用。一九六六年，又改名為域多利收押所（Victoria Receptial Centre），其中四倉收容青少年還押犯及因精神病犯案的特別囚犯。

一九七七年，域多利監獄回復舊稱，並在一九八〇年代初，開始接收大量非法入境者及越南船民。由於個案增加，因此監獄在一九八一年底，把一倉讓予入境事務處作辦公室及聯絡處，協助處理一般非法入境者和越南船民的移徙和遣返事宜，並自一九八二年起，開始減收犯人，只收容單身而且有紀律問題的越南船民，另外還有一些有家庭成員的非法入境者。一九八五年，在重修部分囚倉及加強保安設施後，監獄開始收容女非法入境者，後改為收納非法入境的女性囚犯。回歸之後，囚室、囚倉可住一萬四百零七人。二〇〇〇年後，域多利監獄專收納釋放後被遣返，或遞解出境的男、女在囚人士。域多利監獄在二〇〇六年停止運作。

域多利監獄的囚室

監獄中庭（絞刑台複製品）

域多利監獄的建築形式是按英式標準（British Standard）建構，按英國同一黏土質量、尺碼標準建造。紅磚按英式砌磚鋪排，一行露頭磚（header）與一行橫砌磚相間（stretcher）。監獄的建築非常嚴謹，事前經仔細計算，所以在砌牆時不用分割磚瓦。不過，域多利監獄的間格並沒有跟隨英國模式而建。英國在十九世紀流行「單獨式」監禁制度的理論，認為入獄是一種有阻嚇性的懲罰，獨自囚禁令犯人更能自我反省，因此應有更多的獨立囚室。但香港的監獄在多年後才達到此標準。不過時至今天，二十世紀的「共處」囚禁的理論，已取代了本來的「單獨式」理論。

域多利監獄現存最早的囚倉是在一八六〇年代興建的四倉（D Hall），現今所見已是多次擴建後的模樣。地下及一樓監倉的地台由花崗石鋪成，囚室內的拱形窗及囚室門上有氣孔，加上油燈座，可以想像當年囚室的空氣一定很差。二樓（即由地面向上數的第三層頂樓）樓底甚高，而且沒有地下及一樓監倉的油燈座，可見頂層為後期擴建。此處的木板門十分堅固，是由英國經歷多個月的時期遠道運來。頂樓是監獄的醫院、物料倉、育嬰房及藥房。

四倉（D Hall）地庫囚室的東翼因日久失修，殘舊不堪，而且

域多利監獄現貌

沒有照明，不見天日。另外近亞畢諾道（Arbuthnot Road）方向的囚室，以往稱為「死囚屋」，是死囚等候處決時棲身之所。在「死囚屋」的走廊末端有一間設有石床的停屍房，石床四邊有坑槽，為職員處理死屍前先行放血之用。

六倉（F Hall）是一九一三年建成，本來只有一層，為囚犯提供印刷培訓，後因太多犯人參與工作，因此在一九三一年拆卸擴建為兩層高，上層為紡織工場，下層為印刷工場。可惜在日治時期，六倉遭到嚴重破壞。羅郎也公司在一九五六年遷出，六倉再次改建為收押室（俗稱指模房）、辦公室、囚室、儲物室等。在戰後重建的六倉，每個囚室內有獨立的廁所和洗手盆。現今所見，六倉上層一半是日間的工作間，另一半有六個鐵籠，每個籠可容最少二十人。籠內沒有板間及屏障，犯人的活動一清二楚。

域多利監獄在維多利亞女王在位期間（一八三七—一九〇一）建成，「域多利」這個譯名，正好反映了中、英文化在接觸初期的一些趣事。當時一個人的名稱可有多種譯法，例如「Victoria」會被譯為「維多利亞」或「域多利」（即減省了「ia」尾音）。而「Queen」本應解作「女皇」，卻被誤譯成「皇后」（Empress），因此「域多利皇后街」（Queen Victoria Street）及「皇后大道」（Queen's Road）的譯名其實並不正確。誤譯的原因可能是中文譯者以為英國只有男性才可當統治者吧！不過，錯把「皇后」當「女皇」也不如卑利街（Peel Street）附近的「列拿士地台」（Rednaxela Terrace）嚴重，把「Alexander」一名的英文字母，以過往中文從右至左的行文習慣，倒轉寫出來的！

（何偉傑）

列拿士地台牌子

域多利皇后街牌子

國父曾被囚禁於域多利監獄？

二〇〇四年，中區警署建築羣的發展計劃引起社會的關注，亦引發公眾對「國父有否被囚禁於域多利監獄內」的討論。到底孫中山有否在域多利監獄被囚？可從孫中山的生平事跡推敲。

孫中山原名孫文，在香港公理堂受洗名單中署名「孫日新」，後來區鳳墀給他改為「逸仙」，以後便以「孫逸仙」名字讀書及從事革命。

孫中山一生與香港結下不解之緣。他在香港求學，在香港孕育革命思潮，在香港建立興中會，在香港籌策革命活動，最終推翻滿清政權，創立民國。孫中山在香港的生活，大概可分為兩個階段。

一、求學時期：孫中山在一八八三年十一月入讀拔萃書室（Diocesan Home）開始，在香港接受教育，其後轉到中央書院（Central School，即日後的皇仁書院 Queen's College）。畢業後，在一八八六年返回廣州，在博濟醫院的南華醫學堂習醫；但是次年秋天，孫中山得倫敦傳道會區鳳墀的介紹，又認為香港的課程較為優勝、言論又較為自由，可以鼓吹革命，故再返回香港，進入西醫書院（香港大學醫學院的前身）繼續學業，至一八九二年七月畢業為止。在這段期間裏，孫中山雖然不時聚集同道，研究時事，闡述革新政治的抱負，尋覓救國救民的良方，但始終沒有干犯香港的法例，更沒有任何犯案的記錄，又何來有被囚禁的可能？

二、革命時期：一八九四年，孫中山上書李鴻章請求改革滿清政治，失敗後，便走上革命之路。一八九四年十一月，孫中山在檀香山創立興中會，翌年二月在香港成立興中會分會，修訂章程，起草宣言，得到香港《德臣西報》、《士蔑報》等報章的支持，華人立法局議員何啟的資助，着手籌劃廣州起義。一八九五年十月廣州起義失敗，孫中山從廣州經澳門返回香港，再逃亡至日本，展開長達十六年的海外流亡生涯。雖然滿清政府向香港政府發出引渡要求，但港府早於一八八九年通過法例，聲明中國政治犯不在引渡之列，避免清廷損害香港的司法獨立。因此，只要革命黨人在香港的活動沒有損害英國在中國的利益，或未引起清廷的嚴重抗議，港府通常都採取容忍的態度。其後，港府曾應清廷的要求，禁止孫中山踏足香港及居留；可是，港督羅便臣是在一八九六年三月四日發給孫中山《驅逐令》（Banishment Order，孫中山紀念館展出），以五年為期，而頒發《驅逐令》時，孫中山離港已四個多月，故知孫中山在一八九五年廣州起義時並沒有被香港政府逮捕，更沒有監禁在域多利監獄。

孫中山身陷囹圄，是在一八九六年十月，但被禁錮的地點卻是倫敦。孫中山在被清使館禁錮了十二天。後得恩師康德黎醫生奔走營救，用報章的輿論壓力，逼使英國警方介入，孫中山得以脫險。孫中山倫敦蒙難，結果名噪國際，公認他為中國革命領袖，則港府處理孫中山的入境事宜，自然更為審慎。

孫中山從一八九五年離港至一九一一年辛亥革命成功，十六年間，孫中山或派宮崎寅藏等日本友人來港聯絡革命黨人；或者在香港附近海域停留，在船上與革命黨人密議，部署革命活動，分配任務等。即使在一九〇〇年爆發義和團事件時，何啟商請港督卜力安排孫中山與李鴻章在香港會晤，謀求「兩廣獨立」時，孫中山亦只是在海面停留，等候消息而沒有登岸。

期間，孫中山來港而有登岸的，只有一九〇一年的十二月初。當時孫中山乘日輪抵港，在《中國日報》報社內逗留了七天。上岸的原因，當是孫中山的第一次《驅逐令》期滿，是合法的停留。其後，港府在一九〇二年及一九〇七重申禁令，而孫中山亦只是利用乘船途經香港停泊的機會，與黨員會面，既避免觸犯港府禁令，亦保障了個人的安全。

相信孫中山一生第二次被監禁，是一九〇四年四月從檀香山抵達三藩市時，被美國移民局拘留了二十二天，但亦不是香港的域多利監獄。

辛亥革命成功，孫中山成為中華民國臨時大總統。一九一二年辭任。他在途經香港時，雖然《驅逐令》尚未期滿，仍備受港府的歡迎，待以上賓之禮。孫中山最後一次訪港，是一九二三年返廣州途中，獲港督司徒拔宴請午膳，並在香港大學發表演說。可見辛亥革命以後，孫中山的身份不同了，港府尊重有加，更沒有理由逮捕他並囚禁在域多利監獄內。

進一步分析，港府向孫中山發出《驅逐令》，是執行英國的訓令。英國以不開罪滿清、北京政府為考量，故不歡迎孫中山進入香港；港府較同情孫中山，以睦鄰為考慮，多採取寬容的態度。而孫中山亦尊重香港頒佈的《驅逐令》，孫中山紀念館展出孫中山於一九〇九年八月十三日向英國政府申請進入香港的親筆信，可為明證。又當港府拒絕孫中山入境或登岸時，孫中山亦遵行，故沒有可能被拘禁。

如果不是國父孫中山被囚於域多利監獄，又是哪一位國父呢？

一張特別的合照

一九一一年十一月，廣東宣佈共和獨立，辛亥革命在港激起強烈反響，港督盧押擔心內地革命的激情會衝擊香港的殖民管治，在處理孫中山請求撤銷《驅逐令》的申請時，態度審慎，雖然仍然拒絕，但表示孫中山如不在香港定居及宣傳革命，可以從寬處理。一九一二年三月十五日，港督盧押任滿離港；而接任的梅含理則在七月四日才抵港履新；這段時間，《香港憲報》公佈由施勳署理港督，金文泰署任輔政司。同年八月十四日港府宣佈，奉英國政府訓令，永遠禁止孫中山、黃興、胡漢民、陳炯明等革命黨人來港。

圖中孫中山與施勳、金文泰合照，相信此照片攝於一九一二年三月至七月期間。孫中山在這段期間曾三次來港，首次四月二十四日回粵途中因事而沒有登岸；五月下旬（十八——二十三日），孫中山辭去臨時大總統後南下經過香港，向報界表示不再過問政治，似乎符合港督盧押先設的條件，獲准在香港逗留多天；六月十五日孫中山赴京而轉道香港，亦曾稍作停留。照片中，孫中山身穿白色外套，襟上結有黑紗，似有喪在身，當時孫家並無長輩離世，襟上

「黑紗」相信是悼念革命義士。當年五月十五日（農曆三月二十九日）是黃花崗起義週年紀念，孫中山在廣州亦曾出席有關悼念活動。由此推想，此照片應該攝於一九一二年五月下旬在港停留期間。

圖中後排站立者最左是何啟，最右是金文泰，前排坐的是施勳與孫中山。何啟在一九一四年七月二十一日去世，此圖當攝於一九一四年七月二十一日之前。（圖片來源：香港歷史博物館藏品，香港特別行政區政府准予複製。）

囚禁在域多利監獄的國父，另有其人？

一九三一年六月六日，香港警方如臨大敵，包圍九龍城一個住宅，破門而入，帶走了一男一女。男的自稱「宋文初」（Sung Man Cho），中國廣東人，三十六歲，從新加坡來港。女的名為李三（Li Sam，又名 Ly Phuong Thuan，年約十八歲，後被釋放，並限令她在當年八月底離境），兩人被押上裝甲車，一番轉折後關進域多利監獄。這位被囚禁在域多利監獄的宋文初，便是日後越南民主共和國、越南人尊為國父的胡志明（Ho Chi Minh）。胡志明這個名字，在一九四〇年代才確定下來，因此，越南國父在香港蒙難這一片段，較少受到關注。

胡志明在香港被捕，是他從事革命中最艱險的時期，而這件官司，由於牽涉到備受爭議的法律觀點與逮捕程序，不單在香港高等法院審理，更上訴至英國樞密院，最終胡志明被釋放。胡志明這一案件，亦充分體現了香港司法獨立的精神。及後，胡志明的脫險經過，更是驚險萬分。

越南在一八八四年成為法國的保護國，受到法國的殖民統治。

胡志明最先取名阮愛國，一九二〇年加入法國共產黨，在法國、俄國、中國及其他地區進行革命活動，為法國殖民地政府關注及監視。當越南境內出現不少反殖民地的革命活動，法國以至殖民地政府即嚴厲打擊。一九二九年十月，越南義安省（Nghe An，在越南中部）法庭即在缺席審判下判處阮愛國死刑。一九三〇年二月，越南的多個共產主義組織派代表到香港開會，籌組成立統一的越南共產黨。一九三一年初，越南局勢嚴峻，不少共產黨組織被法國殖民地政府搗破。四月底，法國警察逮捕了一批「共產黨嫌疑分子」，並在他們身上搜出一封由阮愛國在四月二十四日發出的信；其後，英國警方又在新加坡拘捕了一名共產國際的特派員，並得到香港九龍城譚公道（Tam Kung，一說 Tam Lung）一百八十六號的地址。法國政府遂要求香港政府協助，逮捕居住在該處的人士。如有阮愛國其人，希望能派船接阮愛國回越南處置。於是，港府便在沒有出示拘捕令的情況下拘捕阮愛國，亦即宋文初，並拘禁於警署拘留所內。六月十一日，港府正式發出拘捕令，且在翌日轉送域多利監獄。香港政府得到英國殖民地部的指示，發出驅逐令，要遞解宋文初出境，十年內不得進入香港，並由法國輪船引渡他返回越南。

宋文初的代表律師羅士庇（Francis Henry Loseby）與詹金（F.C. Jenkin）向法庭申請「人身保護令」。七月三十一日，宋文初案件（*Sung Man Cho v. The Superintendent of Prisons*）在高等法院開庭審訊，詹金在法庭上指港府在拘捕宋文初時沒有出示拘捕令，是非法的拘禁；而且，港府在沒有證據證明宋文初觸犯香港安全秩序，就無權驅逐他出境。從七月三十一日至九月十九日，高等法院共開庭九次聆訊，香港媒體亦有報導，如《德臣西報》（*The China Mail*）在一九三一年八月二十四日以「港府無權驅逐政治流亡者」（*Case of Political Refugees, Colonial Government Position No Power to Deport,Imperial Law which does not Apply here*）為標題，詳細報導控、辯雙方的法律觀點，報導頗有贊同辯方律師的取向。審判結果，是高等法院維持驅逐宋文初的決定。

律師羅士庇決定向英國倫敦樞密院上訴，理由是宋文初被法國殖民政府通緝而拘禁於香港的政治犯，香港法庭在違背英國法律的原則下作出錯誤的判決。一九三二年七月，英國樞密院接受律師克里普斯（Richard Stafford Cripps）的意見，頒令宋文初無罪釋放，宋文初可以離開香港後隨個人意願到任何地方。一九三三年初，宋文初乘船前往新加坡，但遭拘捕，遣返香港。香港警方又拘捕宋文初，並再次囚禁於域多利監獄。

宋文初設法通知羅士庇律師，羅士庇感到事態嚴重，求見港督貝璐，請求准許接走其無罪的客戶宋文初。港督同意，並下令釋放宋文初。羅士庇律師先安排宋文初棲身於「中國天主教青年會」宿舍，以避警方耳目，再安排宋文初喬裝成中國學者，乘坐前往廈門的船隻，悄悄離開香港。

其後，宋文初從廈門赴上海，得到孫中山的妻子宋慶齡的協助，再遠赴蘇聯，繼續革命事業，終而建立了越南民主共和國。胡志明在一九二〇年代曾任鮑羅廷（Mikhail Borodin）的翻譯，與宋慶齡認識（據前國務院僑務辦公室主任廖承志的回憶，宋慶齡於一九三三年獲准加入共產國際）。他在香港蒙難的經歷，記載在越南胡志明博物館二〇〇六年出版的《胡志明案》（*The legal Case of Nguyen Ai Quoc [Ho Chi Minh] in Hong Kong, 1931-1933*）一書，這本書可稱為「胡志明香港蒙難記」，圖文並茂，並載有律師羅士庇等人的憶述。

（黃浩潮）

選文思路

郭嵩燾（一八一八—一八九一），字筠仙，湖南湘陰人，一八四七年中進士，一八七七年起任清政府駐英法公使，後在一八七八年八月被清政府召回，從此閒居，一八九一年病逝。他是中國第一位駐外外交官，代表作有《郭嵩燾日記》、《養知書屋文集》、及在出使歐洲時的的日記《使西紀程》等。而郭氏便因《使西紀程》內稱讚西方政治清明而遭朝中士大夫的非議，反映了當時中西學術環境的不同。下文節錄自《使西紀程》，記載了郭嵩燾在一八七六年十二月七日遊域多利監獄的見聞，極為詳盡。

當時人語

一八七六年的域多利監獄

——郭嵩燾《使西紀程》節錄

香港居民十三萬餘人，西洋約六千人，在中國居住人數，以此為最多。

二十二日。以修船耽延一日。香港總督鏗爾狄及羅伯遜來報見。語及學館規模之盛，歎曰：「是皆貧人子弟，學習二三年，粗能有得，往往自出謀生，所以能有成者少也。」因論西洋法度，務在公平，無所歧視；此間監牢收繫各國人民之有罪者，亦一體視之。問：「可一往觀乎？」欣然曰：「可。」即顧阿克那亨以肩輿來迎，而屬羅伯遜陪行。

其監牢設正副監督。至則副監督達摩森導以入。屋凡三層，罪犯重者在上層。下層一人一房，上層三人一房。禁錮者扃其門。每屋一區，或自為一行，或相對兩行，皆設鐵柵扃鑰之。房設小木榻當中，如人數。衾褥、氈毯、巾帚、盤盂畢具。日疊衾毯榻上，整齊如一，不如式者減其食。其所收繫，有西洋人，有呂宋人及印度人（「呂宋」，稿本後無「人」字），通計三十餘名；中國至五百一十四人。別有罰款二百圓至四五圓不等。收繫久者五年、七年，少或五日（「或」稿本作「至」），亦有禁錮終身者。辦法亦略分三等：有錮閉者，有久羈課以織氈毯者，有運石及鐵球者。運鐵球者三處：一西洋人，一呂宋人，一中國人。皆以兵法部勒之，或五人為隊，或十人為隊，每日以兩時為度。運石者一處，則所犯較重者也。其禁錮者，房設一鐵軸，令手運之，每日萬四千轉，有表為記，不如數者減其食。人日兩食，飯一盂，小魚四頭。收繫久者，肉食，飯亦精。別有女囚一處，皆人一房。

達摩森導令遍遊各監牢及運石及運鐵彈處（「鐵彈」，稿本前無「運」字）。有至百餘人環立一院中，舉手示之，皆趨就行列，或三列四列，立處截然齊一，舉手加額為禮（「為禮」，稿本前有一「以」字）。即禁錮室中，啟外牢揚聲喝之，皆起立，當門垂手向外，節度整齊可觀。牢外設浴堂一，人日一就浴。中設禮拜堂一，七日禮拜，囚人環立聽講。病館一，以處病者，一醫士掌之。又收斂病故人犯堂一。所至灑灑精潔，以松香塗地，不獨無穢惡之氣，即人氣亦清淡，忘其為錄囚處也。禧在明云：「從前人犯皆督令工作，築垣牆，修補道路。鏗總督乃始禁錮之，不令工作。運石若鐵彈及轉鐵軸，皆所以苦之，亦以勞其筋骨，導其血脈，使不至積鬱生病。」其刑具有鎖有杻，皆以械足者；有鞭，用繩為之，五十鞭即皮裂矣。其變詐反復亂風俗者，則刺其頸為「O」，驅而逐之，不准留香港。亦有用刀削其「O」，以膏塗之，瘡癒而成斑，亦經巡捕查獲，執而囚禁之。在罰當其罪（「在罰當其罪」，稿本前有「所以不可及，」五字），而法有所必行而已。

選文思路

張德彝（一八四七——一九一八），原名德明，字在初，漢軍鑲黃旗人，晚清外交官、翻譯家及遊記作者。

張德彝一生曾出國八次，遊蹤及歐美多國，見識廣博。一八七六年十二月，他隨第一任駐英大使郭嵩燾往倫敦，途經香港，並與郭嵩熹一起參觀了域多利監獄，他的記述，可作為郭嵩燾《使西紀程》的補充。

當時人語

《隨使英俄記》（《四述奇》）節錄：

未初，英總督偕羅伯遜來拜。談及本地牢獄，乃欣然請往，屬羅伯遜陪行。申初，歐克勒根來接。二星使率彝與馬清臣駕十槳小舟登岸，乘輿肩行二三里。其牢獄設正副司獄。時正司獄達格樂公主，副司獄陶木森引觀各處。

樓高四層，每間鐵栅石，極其堅固，毯被木枕，極其潔整。有華人五百一十四名，西人四十名，皆着白衫白褲，斜印黑字記號。罪重者住上層，一人一房，扃其門。罪輕者住下層。華人睡木榻，五人一房。西人睡鐵床，三人一房。食則華人各飯一盂，鹹魚四尾，茶一碗。西人各麵包一塊，牛肉一片，咖啡一碗。罪有大小。繫獄久者，三年五年七年不等，肉食稍加。少亦一年，或數月，或數日。每日按時作工，勞其筋骨，活其血脈，以免積鬱生病。罪輕者，每早各梳麻若干斤兩，或編麻毯若干尺寸。早飯後，依序下樓，在院中各移石砧，舉鐵丸。砧長尺餘，厚廣各六寸。丸重二十斤。後入房稍憩，讀書。晚飯後，同入一院，緩步排行半時而後睡。其因故禁錮數日者，房設一鐵軸，令手運之，每日萬四千轉，有表為記。不如數者減其食。女牢，人各一房。外設浴堂，日一就浴。獄設禮拜堂，七日禮拜，囚人環立聽講。有病館以處病者，令醫士掌之。又有收斂病故人犯堂，洗滌精潔，以松香塗地，不獨無穢惡之氣，即人氣亦清淡。

法律極嚴，按時出入各處，皆循序而進，路狹亦魚貫而行，絕不紊亂。刑具有鎖、有鐐，以械手足。有繩鞭，無板、棍。其變詐反覆敗壞風俗者，則刺其項作黑圈，驅而逐之，不准逗留香港。當日見女犯三十名，係犯拐帶、偷竊案者。男犯有一名刺圈被逐。又一名，業經被逐。以刀削其圈，塗之以膏，仍來香港。因瘡愈成斑，復經巡捕查獲，執而囚之。又一名，係搶奪幼女者，受五十繩鞭，皮裂肉爛，膿血盈背。其在院中者，排列成行。站立整齊，舉手加額為禮。其禁錮室中者，在外揚聲喝之，皆當門而立，垂手向外，規矩森嚴。

回教清真禮拜總堂

多元族裔社會的體現

香港的伊斯蘭教的發展背景頗為複雜，除了中國回族這一來源外，印巴的穆斯林、中東的阿拉伯人、馬來西亞、印尼的穆斯林等亦為匯入香港穆斯林中的族裔。

散步小貼士

• 延伸散步點：全港最大的清真寺在九龍尖沙嘴，九龍清真寺原建於一八九六年，與總堂一樣有一座綠色的呼拜塔，今日我們所看到的清真寺是一九八〇年拆卸後重建的建築。

伊斯蘭教的傳入與教徒在港定居

若說穆斯林踏足香港的足跡，可遠溯至唐宋時期。當時不少稱為「蕃客」的大食商人從海路經今日的屯門入廣州與華貿易，宋代周去非《嶺外代答》言「其（夷人）欲至廣（州）者，入自屯門」的部分乃信奉回教的穆斯林。

鴉片戰爭前後，隨着英國的商船在香港停泊，一些穆斯林的商人與海員在這時期開始在港定居。當時的穆斯林羣體主要為南亞裔人士，定居後多為軍人、警察和商人，他們聚居於中上環的結志街（Gage Street）與嘉咸街（Graham Street）一帶，而今天的摩羅街（Larscar Row）附近，曾有南亞裔穆斯林在此居住，摩羅街與一八五〇年第一座「摩羅廟」（清真寺）的出現乃伊斯蘭教正式傳入香港的標誌。

回教清真禮拜總堂

清真寺又稱回教清真禮拜總堂，是香港最古老的清真寺，現被列為香港一級歷史建築。清真寺在些利街和嚤囉廟街的交界，連接清真寺入口一段的些利街本身是一條樓梯街，並連接着最近建成的中環至半山自動扶梯系統。

根據現存土地註冊處一份有關早期香港穆斯林文獻，即一八五〇年九月二十三日的信託契約，香港政府當時將一幅位於維多利亞城（即今些利街）的土地租借給代表穆斯林社羣的信託人（共有四位，名字為：Shaik Moosdeenzcd、Mahomad Arad、Shaik Carther 和 Hassn Malay）建清真寺，「一八四九年十二月三日起，租期共九百九十九年。」些利街清真寺建於一八四九年，當時只是一間簡陋的小石屋，至一八七〇年始獲地擴建為清真寺，正式建為一間清真寺。Barbara-Sue White 撰寫的《頭巾和貿易商：香港的印度社羣》（*Turban and Traders – Hong Kong's Indian Communities*）一書中指出，該回教廟直至一八九〇年才竣工，矗立於些利街旁，一般人都稱為「些利街回教堂」（Shelly Street Mosque）。鄰近有嚤囉廟街（Mosque

回教清真禮拜總堂柵欄

Street）及嚤囉廟交加街（Mosque Junction Street），它們的命名與此有關。該寺其後於一九一五年重建（有說是一九〇五年來自印度孟買的富商穆罕默德・哈奇出資重建），保留舊寺的尖塔，即是現時所見的外貌。

沿中區行人自動電梯（即些利街）過了堅道不久，便會看見這座全港最古老清真寺的生銹鐵柵欄，門頂細細地寫「回教清真禮拜總堂」，偶爾會有三兩小貓兒在門口歡迎。

清真寺的外形呈長方形，正門則為拱形，四周設有具阿拉伯特色的拱窗。清真寺佔地四千平方呎，可容納約三百六十人祈禱聚會。寺的外牆為灰白色，抬頭可見頂有星月標誌的呼拜塔。正門側的呼拜塔（亦稱宣禮塔）是清真寺標誌性建築，用來召喚穆斯林前來做禮拜，伊斯蘭教重視入世、信仰與生活互相交融的特色，亦反映在此建築中。

伊斯蘭教每次禮拜前十五分鐘，宣禮聲便從呼拜塔的擴音器響起，是以呼拜塔必是附近的最高建築點，以便能召喚信眾前來。呼拜塔亦有不同形態，有纖幼，亦有圓渾，些利街清真寺的則有凸出的陽台。

回教清真禮拜總堂現貌

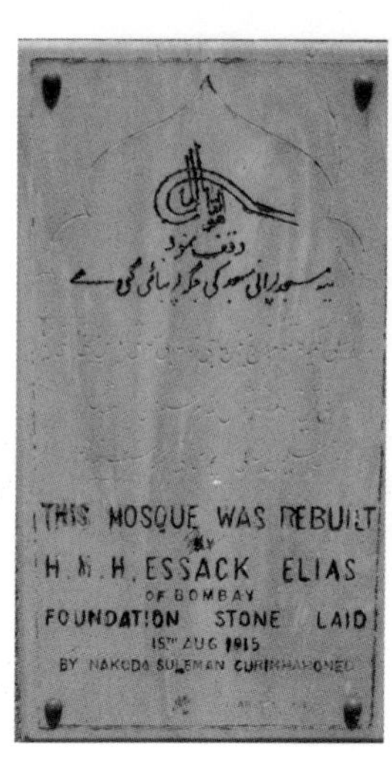

回教清真禮拜總堂門外的石碑

一四五一年（明代宗景泰二年），新月成為鄂圖曼帝國的族徽，象徵伊斯蘭教開創文明的新時光。其後，不少清真寺圓頂或塔尖亦出現新月標誌，而「星月」則是後人為襯托月形圖案而設計。

清真寺內沒有桌椅，亦不見任何雕像與畫作，仔細地看，只有多變與藝術性藏於牆身、門窗、天花及地毯上。雖沒有金碧輝煌，但寺內別有一種令人寧謐安詳的感覺。

清真寺的大理石柱身、窗框、門邊，都可見到以幾何圖案設計，附以色彩斑斕的植物圖案，散見於地毯、大理柱頭及柱腳；還有《古蘭經》經文書法，或繪在玻璃窗、或掛在牆上，是清真寺常見的裝飾。伊斯蘭教嚴禁偶像崇拜，禁止任何人像和動物裝飾，令伊斯蘭藝術家發展出他們獨有的藝術境界。

清真寺的阿拉伯文為「Masjid」，原意為「叩拜」，供信徒禮拜之用，儀式包括叩拜及鞠躬，鋪設地毯是方便穆斯林並排做禮拜，而不受傢具阻隔。跪坐地毯上，抬頭一看，中央拱頂內側，以八角形的彩色玻璃窗點綴，窗戶中央，以書法寫真主的阿拉伯文名字。

華裔與外籍穆斯林的消長

二次大戰期間，外籍穆斯林多離港而去，戰後亦少回此曾作定居之地。但在戰事期間，反而不少廣東籍的穆斯林隨難民移入香港，根據楊漢光阿訇所言：「廣州淪陷前夕，星散的廣州回民湧進香港。」香港博愛社簡史亦載：「由於日寇侵華，穗市回教難民雲集港島。」當時由於避難香港的穆斯林太多，有名薩兆經的回教徒向港府在錦田申請辦難民營，可見這時期在港的回教徒數目大增，亦加強了對這宗教的凝聚力。一九四九年，國內解放，廣東及內地大批人士包括不少穆斯林及回族知識分子進入香港。而在翌年，更有富有的北方華裔穆斯林定居於尖沙咀一帶，從事古董與珠寶業。

這十數年間華人穆斯林在港數目激增，形成華人穆斯林社團的出現；另一方面大部分印度籍穆斯林離去，退出香港社會。時至今天，隨着香港社會的發展與擴展，穆斯林不再像以前般聚居在港島的中西區及灣仔附近，反而散佈於不同社區之中。目前，香港主要的伊斯蘭教組織計有：香港中華回教博愛社、香港中國回教協會、香港回教信託基金總會等。

隨着戰後華裔穆斯林的移入與發展，他們多散佈於各社區中，相對來說，住在中西區的回教徒逐漸移出，轉往九龍及灣仔以至其他的清真寺。

（梁操雅）

猶太廟

飄泊與凝聚

猶太教徒前來中國，最早可追溯至唐末黃巢起義時，他們到了五代十國時在河南開封定居，但是，到了十九世紀中葉便解體了。香港猶太社團是十九世紀中葉門戶被西方列強打開後在華形成的四個猶太社團之一。然而，由於中國內地政治的演變和香港的獨特地位，其他在上海、天津、哈爾濱三地的猶太社團於一九五〇年代末至一九六〇年代初相繼解體，只有在香港的猶太社團依然留存與發展，成為中國近現代史上唯一的一個具有連續歷史和完全社團功能的猶太社團。

猶太廟現貌（圖片來源：莉亞堂）

香港猶太教徒的聚腳地

十九世紀中葉以後，中區砵甸乍街以西，從皇后大道中至羅便臣道之間，滿佈着與英人以外不同族裔宗教文化有關的建築物，反映出這一帶的多元文化及文化兼融的特色，其中有着代表傳統文化的文武廟，亦有回教清真總堂，當然少不了猶太教的莉亞堂。莉亞堂除了是猶太教最具代表性的會堂外，亦是猶太人心中的地標，凝聚寓港猶太人。

猶太教莉亞堂（Ohel Leah Synagogue），俗稱猶太廟，位於香港島半山區羅便臣道近衛城道交界，是香港最早建築的猶太教會堂，現時被列為香港一級歷史建築。猶太會堂的西文名稱源自希臘語「συναγωγη」，乃「聚會的場所」，英語為 synagogue。

猶太會堂主要供教徒祈禱，而大批教徒聚集在一起祈禱是猶太教的特點。理論上，除了不清潔的地方以外，猶太教徒可以在的任何地方祈禱，根據猶太教律法，十三歲以上的男人一天必須由十人以上聚集在一起祈禱三次，猶太會堂最初就是為了這個目的設立的。此外，猶太會堂還會用於進行公共活動、成人和學齡兒童的教育等。

跑馬地的猶太墳場內的嘉道理家族（上）及沙宣家族（下）的墓

依地語稱猶太會堂為「shul」，就是從德語「學校」一詞衍生出來的。

香港的猶太會徒主要分為正統派、保守派和改革派。香港的猶太教會堂主要有三個，分別為莉亞堂、香港聯合猶太會和 Chabad Lubavitch。莉亞堂的信眾多為正統派，根據這會堂在一九九七年的成員名冊（Ohel Leah Synagogue Membership List）顯示，當時登記註冊的成員有二百五十六家庭，約六百餘人。除了每天的聚會外，莉亞堂還會在安息日和節期舉行聚會。

猶太人在香港的歷史可追溯至一八四〇年代，主要來自中東。早在香港開埠初期，便有猶太人在香港居住。一八五〇年代，港府更將跑馬地的一幅墓地撥給猶太人，猶太教自始在香港建立根基，在不同的臨時會所舉行宗教活動。隨着香港的經濟不斷發展，來港經商的猶太人日增，是以在一九〇一年於衛城道及羅便臣道交界興建香港第一座的猶太教會堂，於該年奠基，一九〇二年落成，土地及建築費用均由沙宣（Sir Victor Sassoon）及其兄弟捐獻，為當時亞洲最宏偉的建築物之一。沙宣兄弟為紀念其母親莉亞女士，因此將這教廟命名為莉亞堂。香港的猶太教信徒十分重視這些宗教聚會，參與聚會成為信徒的宗教、文化和社交生活的重要部分。

猶太廟內部面貌（圖片來源：莉亞堂）

猶太廟內的誦經台（圖片來源：莉亞堂）

猶太會堂的設計

猶太教莉亞堂設計是基於傳統信仰為原則，糅合中世紀西班牙及東猶太的建築風格設計。會堂樓高兩層，設有神聖洗池，採一字形平面佈局，像古羅馬時期的會堂建設，左右中軸對稱。整庭廟宇是東西向的，最重要部分——藏經庫——是面向西面，乃因香港位於耶路撒冷的東面；入口朝東，大門前有個雙八角式的門廊，大門左右各有八角形的塔。聖殿內分為大堂及閣樓，各有座位，傳統上男信徒坐大堂，女信徒及小孩坐閣樓。整座廟宇的外形混合了六世紀早期基督教在土耳其、中東一帶的聖殿樣式及十三世紀西班牙南部所流行的模式。

猶太教莉亞堂曾於一九九八年重修，其後得到聯合國教科文組織亞太區二〇〇〇年文物古蹟保護獎優異項目獎。

猶太社團在港的發展

在第一次世界大戰後，香港的猶太人數目沒有很大的增長，始終徘徊在數百人上下。及至二次大戰期間，大批的猶太人因希特拉在歐洲的大屠殺行動而逃亡，途經香港，進行各項商業及貿易活動，然後再轉往美國、澳洲及中國等地。目前寓港的猶太人約有千多人，多屬工商界人士，生活較為富裕。

猶太社羣在香港十分活躍，除了開辦學校和主日學外，還組織多個慈善機構和文化團體，包括猶太婦女協會、聯合以色列慈善會、以色列商會和猶太歷史學會等。

莉亞堂毗鄰原有猶太會所（Jewish Club），供猶太人耍樂，其後改建為住宅樓宇，仍設有猶太教社區中心，服務猶太教派會友，為在港的猶太家庭會員提供地道的猶太餐飲、宴會和文娛康樂設施，以及舉辦各類活動和學習班。中心設有圖書館，專門收藏猶太文獻和文物。

根據莉亞堂的名冊記載，曾在香港活躍的猶太族羣，最具影響力及最出名的要算是沙宣（Sassoon）、嘉道理（Kadoorie）、庇理羅士（Bellios）、以斯拉（Ezra）等家族。沙宣（Sir Victor Sassoon）發跡較早，為香港及上海的猶太人首富，嘉道理和他的兒子在一八八〇年始從上海來投靠這位兄長，其後嘉道理家族又從英國人手上購入廣州電力廠（即今天中電的前身），輾轉到香港發展，建成鶴園街電廠。到今天，中電的市值已約一千六百億港元。除經營電力廠外，嘉道理家族於一八六六年創辦香港上海大酒店有限公司，早期在上海以至世界各地管理多家豪華酒店，包括尖沙咀的半島酒店等。

「我們的家族可以説源自內地，我們對中國有着深厚感情。」嘉道理家族現任主席米高概括愛香港及中國的理由：這裏是我家。對他來説，一個多世紀的沉浮後，中國已經成為這個猶太家族實實在在的故鄉。

隨着香港回歸，本港的猶太社團實際上已成為中國最為活躍和最具影響力的猶太社團。目前，它不僅是國內猶太人的最大聚集中心，而且還是連結世界猶太人和促進香港與內地經濟發展的猶太人團體。在一九九九年出版的《中國的猶太人》一書指出：「今日，猶太社團對未來感到樂觀，社團人口正在增加，開始進行重要的發展項目，猶太人賴以施展才能的空間比香港歷史上任何時候都要廣闊。」

旅港猶太人眼中的猶太廟

根據由猶太人羅獅谷夫婦（Dennis A. Leventhal 和 Mary W. Leventhal）所編的《猶太人在華經歷面面觀》（Monographs of the Jewish Historical Society of Hong Kong, Volume 2: *Faces of the Jewish Experience in China*）一書中轉述了一九二三年從美國費城前來香港的猶太教祭司克羅斯科弗（Rabbi Krauskopf）對莉亞堂的觀感：「這所猶太會堂很是美麗，位於半山一處十分恬靜的地方，四周被亞熱帶花園環繞。最難得的是，該處竟擁有面對維多利亞港的遼闊面海景觀……會堂可容納五百名信眾，而會堂內的建築及裝飾很接近早期伊比利亞半島猶太教其中流派的特色（Sephardic style）。這位祭司同時參觀了位於隔鄰的猶太人遊樂會（Jewish Recreation Club），「位於隔鄰的便是猶太會所，美麗非常的花園及草坪連繫了兩座建築物……當然，猶太會所的會員必然是猶太會堂的信眾。」由此可見，猶太人均信奉猶太教，特別在這個彈丸之地，會堂就是他們的宗教的場所。而會堂與會所建築在一起，可反映他們種族在異鄉的凝聚力。

另一位英籍猶太人科恩（Israel Cohen）在一九二四年到香港來，對猶太會所亦有一番看法，「街道滿是人羣，環境卻異常寂靜，中區這些狹窄內街並沒有馬蹄的響聲，只有車伕暢順而寧靜地努力拉着人力車。向上往猶太會所的路很陡斜，會所像是很有智慧地建築在半山富裕的區域內。當我們到達會所時，雖與山頂仍有一半高度的距離，卻已可望見維多利亞港，享受名副其實的海景，像是美豔的瑞士湖泊，四周綠樹環繞。」

這兩段文字可反映莉亞堂、猶太會與鄰近環境昔日的美麗，以及從字裏行間可感受到兩人對此地的喜愛。

（梁操雅）

上環

——香港華人社區

從中環街市向西至西營盤一帶是港島開埠最早形成的華人聚居地。甫開埠，城市建設亟需大量勞工，香港毗鄰地區的無業遊民或從事體力勞動的工匠、苦力紛紛來香港尋找工作，蓋搭簡陋的草棚棲息，逐漸以市場為中心點發展為三個主要聚居點：太平山（上市場）、中環街市對上山坡（中市場）、蘇杭街一帶（下市場）。南京條約簽署後，香港作為割佔的殖民地的地位確立下來，港府有鑑於「中市場」靠近西人商住區，阻礙了西人的發展，而居民品流複雜，藏污納垢，乃一舉在一八四四年把居民遷徙往太平山的「上市場」去，這是港府實行華人與西人隔離居住的濫觴。結果數十年後，太平山一帶乃成為全港最密集的華人聚居地。華人在這裏建成了文武廟，作為拜神祈福之地，也是坊眾集會、決疑訟之所，儼然成為華人社區的中心。其後，坊眾成立了一間百姓廟，讓孤苦無依的異鄉客度過生命的最後一刻。也使他們離世後靈魂有棲身之所。

下市場靠近海邊，一八五一年臨海的房屋受祝融光顧，其後，政府把燒燬的房屋卸入海中，填成了文咸東街。一八六八年港府再次填海，建成了文咸西街。適值此時珠三角爆發動亂，富有的商人紛逃港避難，帶來了大量財富。一些擁有資本的華人利用香港自由港的地位，優越的海港，以香港為轉運中心，把北方的物產運到南洋去，又將南洋的商品運到內地去，這便是「南北行」。南北行貿易發展起來，濱海的永樂街、文咸街經營藥材、白米等的華人商行雲集，成為著名的南北行街。

隨着香港商業貿易的蓬勃發展，一批擁有財富又熱心服務街坊的領袖漸次崛起，在港府的支持下，在一八七〇年成立了超越業緣、血緣和地緣局限的慈善組織

—— 東華醫院，在殖民地政府對華人缺乏照料的情況下，為華人提供醫療、教育、施棺贈殮等服務。在更廣闊的層面，東華更協助把客死異鄉的華人的骨殖運回家鄉「落葉歸根」，安排遣回滯留外地的僑胞，漸次成為香港百姓與港府間的橋樑，以及香港華人與海外僑胞的聯絡中樞。從文武廟和百姓廟，發展為東華醫院，正好反映了香港華人自治自理發展的進程，也是香港民間組織發展的軌跡。

作為香港開埠後最早發展起來的華人聚居地的上環，更有從西方傳入的基督教的教堂。從倫敦傳道會獨立出來的首個基督教華人自理教會 —— 道濟會堂即原來位於荷李活道，其新堂 —— 合一堂至今仍屹立於般含道山崗之上，見證了基督教在香港脱離原來所屬外國教會，以華人自立自理形式傳教的歷史。而原在英國創辦，在香港由華人自行組織籌建及管理的中華基督教青年會，培育了一代又一代以「非以役人，乃役於人」的精神服務香港的青少年。其必列啫士街會所至今尚存。這些基督教組織在華人聚居地建立起來，標誌西方宗教思想及其道德觀和價值觀逐漸在華人的土壤中紮根。

買辦是在十九世紀晚期崛起的一個具有巨大影響力的階級，衛城道上的甘棠第為香港怡和洋行買辦，戰前香港首富何東的胞弟何甘棠在一九一四年斥巨資所興建，外型典雅宏偉，氣派不凡，屋內設備美輪美奐，反映了當年香港華商財富可比擬西商，而買辦與西人接觸較多，生活日趨西化。

中、上環一帶既有主流的基督教教堂，也有少數族裔人士所建立的猶太廟和清真總堂，充分反映了香港是一個多元族裔組成的社會，各民族皆以港為家，為香港的繁榮作出貢獻。

南北行街

東亞華人商業中心

「南北行街」並非正式街名，與花布街（永安街）、雀仔街（康樂街）及鴨蛋街（永勝街）一樣，都是以商業行檔的別名而為人所識；它是南北貨物的集散地，也是「南北行」的所在地。

散步小貼士

- 要感受南北行的風情，在永樂街及文咸西街漫步即可。
- 沿着文咸西街而行，百昌堂（經營藥業）是碩果僅存的傳統建築物。
- 昔日文咸西街附近的香馨里，是早期潮汕人士聚居的地方，俗稱「潮州巷」（今日「百草園」位置），地道的潮州食肆林立，其後政府為整飭市容而清拆了潮州巷。目前潮州人每年仍會在皇后街舉行盂蘭節勝會。
- 延伸散步點：類似昔日南北行這樣從事某種行業的集中地，目前仍存在的有嚤囉街（古董）和干諾道西（鹹魚欄）等地。

火燒旺地南北行

一八四一年初，英軍登陸香港島，六月宣佈香港為自由港，准許商船自由進出，奠定香港發展轉口業務的基礎。

上環一帶的華商，自十九世紀以來，主要從事買賣國內南北各省和東南亞各地藥材、海味等雜貨土產。這些轉口貿易，貨源南北俱備，所以稱為「南北行」。

「南北行街」的原名是「文咸西街」（Bonham Strand West）。查「文咸東街」約在一八五七年填海闢地建成。事緣上環皇后大道中一帶在香港開埠後十年（一八五一年十二月二十八日）時，因一場大火，四百多座樓宇燬於一炬。當時第三任港督般含（又譯作「文咸」）把房屋的瓦礫推到沙灘，做成新的填海區。因此，「文咸街」的英文名稱不是 Street（街道）而是 Strand（海灘）。今日，文咸東街近皇后大道中向下傾斜的一段，仍可窺見當年海灘的地勢。一八六八年港府再次填海，才建成文咸西街。

這片從文咸東街尾向西至德輔道西的「火燒旺地」，由於臨近船隻上落貨物的三角碼頭，吸引在從潮州、福建、上海、山東等地商

文咸東街路牌

人前來置業開舖，其中以潮州商人居多，並在此引進不同的經營模式，令香港成為貿易中轉站。

「南北行公所」於一八六八年成立。久而久之，人們便把這一帶稱為「南北行街」。當時干諾道西多食米批發商，德輔道西則是鹹魚欄等，上環華人商業區的格局，由是而成型。

查看街道的老照片，當年「南北行街」近水坑口街一段著名食肆林立，例如宴瓊林、杏花樓、觀海樓等，是巨賈雲集消遣之地。時至今天，此處仍是各式酒樓食店的集中地。

「南北行街」雖然聞名香江，但也曾飽歷滄桑。二次大戰後，美國對中國實施禁運，香港的轉口貿易受到沉重打擊，南北行不復當年勇，會員人數大減。而南北行公所亦曾拆卸重建。今日所見，是一九九七年重建之貌。

今日「南北行街」與永樂街合稱「參茸燕窩街」。不知百年之後，又會否再有新的名稱？

南北行的經營模式

從一八四五——一八七四年的三十年間是南北行街的發展初期。當時，著名的商號有元發行（高滿華）、乾泰隆（陳煥榮）、合興行（柯振捷）、廣茂泰行（招雨田）、兆豐行（馮平山）、華安行（陳雨蕃）、吳源興行（福建行）、義泰行（山東行）等三十餘家。

南北行業務，以代客買賣貨物及自辦貨物為主。代客買賣貨物，按行規，是「九八抽佣」，即每百元收取二元佣金，故又有「九八行」的俗稱。南北行除了賺取佣金外，亦有經營其他業務。例如元發行，就有暹邏米入口、辦理越南、緬甸、新加坡等地土產轉運內地、代理太古洋行貨運、代理爪哇洋糖、兼營「銀行、匯兑」等業務。

當時經營南北轉口貨運的行業，都有自己的貨倉，資金充裕的，更有自置的船隻，規模比較大的莊行，甚至備有客棧，接待遠道而來的顧客。南北行聘用的員工，大行約有一百五十多人，少的亦有五、六十人，規模龐大。

規模較大的南北行，很多時兼備同鄉會館一類的職能，接待遠道前來的同鄉、親友飲食住宿，例如，據高伯雨在《從元發行盛衰看南北行》的憶述，元發行「在其盛時，所養的食客和閒人，可說是不知其數」，他的一名親友在元發「一住就住了十多年，終日無所事事」。從此可見，經營手法，充滿人情味，是典型的中國傳統經營模式。

南北行公所現貌

南北行公所

一八六八年，馮平山等南北行商人發起組成「南北行公所」，目的是為同業謀求福利、排難解紛、聯絡感情、定立行規等，使商家經營更有系統和規範。當時，據說是由政府撥地，在文咸西街、永樂街與皇后大道的犄角處建成公所。

「南北行公所」可說是香港最古老的行會社團，大體沿襲廣州十三行的體制，商人成員其中以潮州商號為多。在公所成立初期，會員只有十餘家，其後業務日廣，會員數目日增。一九二〇年以後，因環境變遷，會員人數下降，僅餘七家；其後，經會員的大力推動，人數漸增，即在日治時期，仍有二十一家，積極調處會員與顧客之間的糾紛。

南北行公所曾多次重建。一九四七年，南北行公所亦因年代久遠，有倒塌之虞，乃有重建的構想，然因地權與建築費的問題，至一九五三年才能在原址拆卸重建，一九五四年春落成。其後，一九九六年，南北行公所與地產商合作，將公所重建成多層商住兩用樓宇。

南北行公所與南北行街的防盜與防火

香港開埠以後，治安一直很差，在華商聚居的南北行街，感到港府的警力鞭長莫及，不足以保護商戶與居民的安全。於是，在南北行公所的樓下，設有「邏更館」，聘請多名「看更」，這批「看更」，頭戴笠帽，身穿制服，腿套長襪、腳登草鞋，荷槍實彈，有如今日所見的「護衛」，全日輪值巡邏，防止罪惡，頗見成效。這一「邏更館」，其後改稱「文咸西約更練所」，隸屬「街坊理事會」管理。

此外，公所下又設置「水車」一輛，「水車」即今日的「救火車」，目的在消防救火。當時，港島只有「水車」三輛，一屬綢緞行，一屬典當行，每有火警，不論遠近，都是三車齊發，撲滅火災。這三輛「水車」，統由港府消防局節制。

南北行公所對當地居民的身家性命，有一定的保障。

東華醫院的創建與南北行商人

東華醫院是港督麥當奴催生的華人慈善組織。一八六九年，由南北行業、洋行業、銀行業、金山莊行業各舉若干代表參與籌議興建東華醫院。據《香港東華三院百年史略》的記載，當年的倡建總理，由五位買辦、兩位南北行商人（元發行的高滿華及與廣利源行的鄧伯庸）及米行、布行、金山行、英華書院等各一名成員組成。南北行的商人代表，雖然只得兩名，但仍有部分總理與南北行有業務往來。

東華醫院的倡建總理，一任三年，其後改為一年一任。每當應屆總理任滿後，東華醫院便按各行業的配額發出通知，籲請提名參選。通常每一行業只能提名一員，惟買辦及南北行的份額較高，提名可以多於一個。提名完成後，名單張貼在東華醫院大堂之上，讓投票人選舉。因是等額選舉，故無落選之可能。

從此可見，南北行商人在華商之中，是較受港府重視的。

（何偉傑　黃浩潮）

選文思路

以下特選了三篇有關南北行的短文，讀者可以一探香港開埠後的華人生活。

當時人語

社團

人不能離羣而獨立，故團體尚焉。我國人為外人譏為一盤散沙者，國人早已聞之矣，顧國人有四百兆之眾，設能合羣，以此制敵，何敵不摧！乃竟變為散沙，可恥孰甚？故吾人宜大聲疾呼曰：國人宜合羣，合羣！

雖然國人合羣，此大者言之耳。若由小者，則州有州之團體，縣有縣之團體，從近而遠，互相聯絡，集成全中國之人心，結成全中國之社會，則無論居留地也，殖民地也，外侮焉能至，而散沙何由來乎？是知社團者，一社會之集合也，亦人心之團結也。余望之，余重望之，國人宜互相聯絡。

香港社團，由來久矣。或曰某商會，或曰某會館，或曰某同鄉會，或曰某慈善會，皆社會團體之表現也。余雖未及詳細調查，然其創設原意，不外為聯絡感情，團結團體起見也。（賴連三：《香港紀略》，「香港社團」，頁 25）

海味店

當時人語

南北行街之營業

香港開埠，迄今九十左右年，而潮人到香港經商，亦已八十餘年矣。其最為世人所知者，即南北行街之營業。南北行街，原名文咸西街，所以易稱南北行街者，乃該街自昔以來，為南北大商行。商行之最大係米業。米為日用所必需，且民以食為天，故港地屢年商業精華，即在南北行，亦即我潮人營業精華者也。顧昔日潮人之南北行營業茂盛，每家一年營業而論，間有二千餘萬元以上者真：則其為數，頗足豪矣。查米之來源，暹邏、安南、仰光三地，直接運港，蓋昔日潮人先從南洋發達，然後再分號於香港，以作發售之機關。故香港潮人南北行之營業，以米為大宗也。

唯是近歲，金水影響，米之來源頓減；而且暹邏等地潮人米業，亦不逮前。於是南北行，形成「敷衍門面」，則其營業，不問可知也。除營米業之外，則南洋各地土產雜貨（加燕窩、海參、藤類等），寄至香港潮人南北行，銷售者亦屬不少。此外，潮人所營之出口，曰莊口者，則以雜糧、麻、豆、麵、匹頭、絲綢為大宗，但莊口以暹邏、叻坡（華僑對新加坡之別稱——點校者）、安南及本國等處云。（賴連三：《香港紀略》「第一節・南北行街之營業」，頁56）

當時人語

潮人旅港之經營類別

潮人以南北行為精華所在，已述於上節。唯今日潮人南北行，約十餘家。其中營業年期，最老者為元發、乾泰隆諸家，均有七八十年之歷史，餘則為三四十年者、二十餘年者、十年左右者。最近新創者，皆屬實備資本，始得稱為南北行之營業也。至其營業，以米糖及南洋土產等。

唯乾泰隆開創迄今，七十左右年。有一老夥伴，姓冼（按：冼通洗），名恩者，係粵之寶安縣人，傭工於該號者六十四年之久。其人年歲，已八十餘，依然健在，目今尚執業於該號。據云，冼恩為人，信實盡職。余以足跡遍歷南北各地，如商店開創年期七八十年者，已屬少聞；而傭工一店竟至六十四年者，更屬罕見，可謂奇矣！（賴連三：《香港紀略》「第四節・潮人旅港之經營類別」，頁67）

文武廟

中國人的仲裁機構

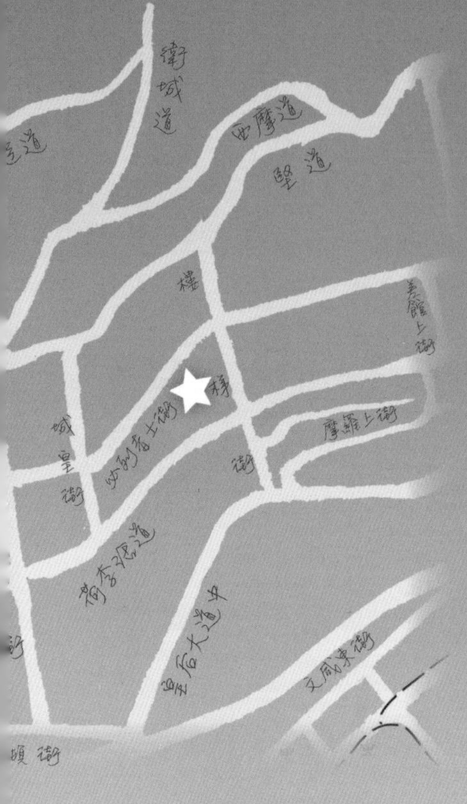

一般人都知道，文武廟是供奉文昌帝（文帝）及關帝（武帝）的廟宇，而上環的文武廟更是香港開埠初期華人的仲裁機關，在香港眾多廟宇中有着特殊的地位。文武廟是早年華人及行會聚集議事的地方，而有關本區經濟、商業發展或其他大事，亦多在此仲裁、商議，它和香港華人早期政治、經濟、司法、教育有密切的關係。

散步小貼士

- 文武廟旁的樓梯街貫穿了嚤囉街、荷李活道、必列者士街，一直通往堅道。漫步南北行街後，可沿樓梯街拾級而上，參觀文武廟、中華基督教青年會、百姓廟和東華醫院。
- 參觀路線：廟外石獅子→神威普祐金匾→重修文武二帝古廟碑記→銅鐘（清道光年間）→鑾輿（刻有當年捐獻者的名字，主要是商人，可了解當年這區有什麼商鋪）→文武廟旁的公所
- 延伸散步點：梅窩文武廟

文武廟與華人社區的發展

香港開埠之初，由內地來的新移民在中上環地方形成三個市集：上市場（upper bazaar，即太平山街一帶）、中市場（中環街市對上之閣麟街、結志街附近）及下市場（蘇杭街一帶，當時瀕臨海邊），在一八四一年六月港府的首次土地拍賣中便設有市場地段（Bazaar Lot），多落入華人手中。一八四四年，即香港正式宣佈為殖民地後翌年，港府開始對中上環進行規劃，鑑於中市場居民品流複雜，賭館及煙窟林立，又毗鄰西人商住區，迫令當地華人搬到太平山街一帶，上市場人口更形稠密，這裏成為全港華人最密集的地區。

按照中國內地城市的習慣，城隍是城市的保護神，故城市多設有城隍廟。香港開埠之初，在今天荷李活道警察宿舍地段內曾有過一間城隍廟，未幾拆卸，至今只剩下城隍街之名稱。而城隍廟的功能，卻為文武廟所取代。文武廟興築於何時，已不可考，相信草創時只是一間簡陋的神龕，一八四七年，盧亞貴（流氓，經營賭館煙窟致富）及譚才（承辦建築起家）捐款擴建，一八五一年，文武廟再得到各鄉籍、各方言羣商店主人出資進行擴建，形成今天面貌。

文武廟在短短數年兩度擴建，反映該廟香火鼎盛，信眾眾多，也顯示了華人資本及凝聚力的日益強大。文武廟位於華人社區中心，而且文武二帝，掌管科舉及商業，均為華人所重視，故深受當地民眾支持，漸發展為香港島最具規模之廟宇。

香火鼎盛的文武廟

重修文武二帝古廟碑記

文武廟內供奉的神像及關帝的照片

宣誓場所

由於早年香港的法制尚未完善，位處華人商業區的文武廟，便成為華人的社區中心，加上與它相連的「公所」是華人簽約、審判及解決商業糾紛的場所，替代了傳統的宗族與士紳組織。簽約正常程序通常是華商先到公所，在官員見證下議定交易條件，之後到隔壁的文武廟，在關帝前「燒黃紙、斬雞頭」，合約便正式生效。文武廟內供奉的武帝即是關公，關公講信用，重義氣，是中國人做生意的楷模，受到大小商人的敬重。此外，又有說關公是中國簿記的始祖。公所外有一幅對聯：「公爾忘私入斯門貴無偏袒、所欲與聚到此地切莫糊塗」，顯示文武廟重視做買賣的公平原則。

議事場所

文武廟的重要性與時並進，從一間廟宇變為社區的中心。在文武廟公所成立後，更成為了主持正義、解決糾紛的地所，其重要性沒有其他組織或單位可取代。後來，文武廟更發展為凝聚新移民的地方。由於文武廟接近市區，地方寬敞，可容納百人集會。

一八五七年，太平山、西營盤、上環與中環中區的坊眾，便在文武廟旁的公所設立盂蘭盛會。這種集體祭神的活動，集合了人們，形成「廟宇社區」(Temple Community)，指以廟宇為中心，處理公眾事務，一些有地位的社會人士如士紳階級，會在捐錢後成為值理，在此聚會議事，處理廟宇事務，而值理也成為身份的象徵。自從地方商紳崛起後，文武廟的香火鼎盛，其重要性可想而知。

華人事務專家德籍傳教士歐德理(E.J. Eitel)指出：「文武廟的值理已升格為半官方的地方議會，它主要是由南北行商組成。這個值理團秘密地控制華人事務，仲裁商務糾紛，安排接待路過香港的中國官員，為捐官事宜進行談判，更作為居港華人與廣東官方之間的非官方媒介。」但是，上述文武廟的裁決權，從未受香港法律認

文武廟的牌匾

文武廟的正門

可，港府只是默許而已，由此可見，香港政府試圖利用華商協助管控華人社區。

一八七二年，東華醫院開幕時，全港知名的華人紳商名流都先往文武廟拜祭，才往東華醫院進行揭幕，因此後來三院總理每年都到文武廟進行春秋二祭，而中西各大報章都有報導，更令文武廟聲名大噪。

（黃白露　黃浩潮　丁新豹）

選文思路

下文選自由東華三院百年史略編纂委員會編寫的《東華三院百年史略 上冊》（香港：東華三院庚戌年董事局出版，一九七〇年）頁139-140，有關文武廟在開埠後辦學的情況。

當時人語

文武廟與香港教育

溯自清光緒六年，歲次庚辰，（一八八〇年）倡建東華醫院主席梁公雲漢，鑑於當時香港之教育情況，所謂書香門第，讀書受知，幾成富家弟子所專享。貧苦家庭，雖有佳子弟，倘乏扶掖，亦難有置身庠序之機會，蓋館師束修，非伊輩所能擔負，唯有宮牆外望而已。然以為數眾多之清貧子弟，倘任令其失於教養，豈只其本身難以自立，苟不幸誤入歧途，實社會之隱憂，間接即為增加東華醫院之負荷，乃與當年總理招公成林，李公萬清等合議籌辦貧民教育，俾能作育英才，造福社會，方為基本救濟之良策。

其時，有中華書院一所，原設於荷李活道文武廟之側，該書院為闔港紳商所創辦，僉以梁公鶴巢等熱心貧民教育，力為讚許；且為玉成其事，特將中華書院捐出，用作辦理貧民義學校址，時梁公等任文武廟值理，以文武廟為香港最具歷史之廟宇，歷來香火鼎盛，年中收入甚豐，自置產業多幢，每年收入，均用以資助慈善團體經費，乃倡議其廟嘗收入之一部分，充作義校經費，五環值理均表贊同。同時，並以辦理教育工作，必須有專人負責督導，

義學規條

義學規條

一擬本港文武廟書院設作義學延請名師一位教授生徒以叁拾人爲率如多另請一位以分其任

一義學首在擇師必求品學兼優精神充足者方可延聘凡有沉湎於酒嗜吸洋煙及事務紛繁者不得定聘例先將館內規條送閱願受聘者方送關書

一學生擬定拾歲至拾五歲止方准來讀其父兄必須開列姓名年歲住址到值事處掛號仍要殷實人保薦俟值事查明合例者定期入塾

一此舉原爲清貧子弟而設茍有力能延師者幸勿[illegible]進加

始克有成，乃於義校成立之日，委託東華醫院管理，故自一八八〇年起，東華即辦理教育工作，故東華教育史，乃於一八八〇年開始。又以其經費乃由文武廟嘗產撥支，因定名為「文武廟義學」。嗣後增辦各義學，均冠以廟名，即起源於此。

其時，有清尚行科舉，因而義學之學制與教材，均受中國內地影響，所採仍是學塾形式，教材則「三字經」、「千字文」、「幼學故事瓊林」、「四書」、「五經」之類。義學不特免收學費，且津貼書簿費用，管教極嚴謹，為普及貧民教育，創立良好之開端。惜乎限於校址及經費，僅能開辦初級一班，人數僅數十人，然已為東華三院教育工作奠百年之基矣。

中華基督教青年會

華人青少年的第一個會所

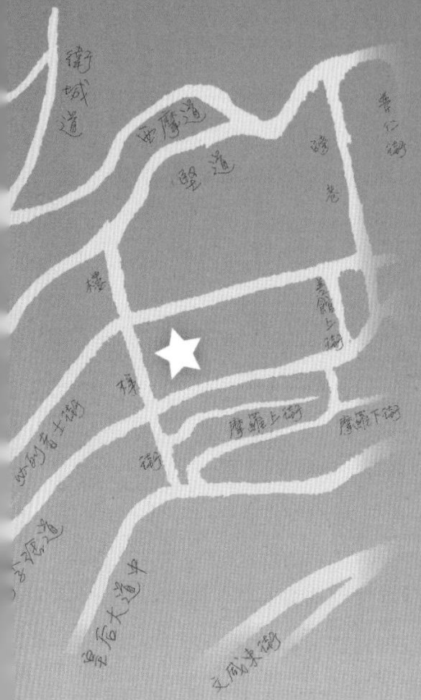

上環一帶的華人聚居處，不盡是平房商舖，茶樓廟宇，散落於上環周邊的，還有一些新式學堂、特別為華人服務的教會和組織，其中在文武廟旁、樓梯街上碩大的紅磚屋，便是一九一三年由華人組織籌建，一九一八年落成啟用的香港中華基督教青年會中央會所，亦是香港第一間置有宿舍、圖書館、餐廳、大禮堂、音樂室、室內運動場、健身室、泳池及天台花園等新穎設施的青年活動中心。這座宏偉的大樓，見證了西方宗教思想和價值觀在華人社會的流播與植根。

香港華人青年會成立

基督教青年會（Young Men's Christian Association，簡稱Y.M.C.A.）於一八四四年由英國青年基督徒佐治·衛良（George Williams）在倫敦創辦，志以信仰教導及輔助辛勞貧苦及染有惡習的工人，培養高尚的道德生活。十九世紀末，青年會由傳教士帶入中國，香港早於一八八〇年代曾有西人組織的男青年會，惜只維持了短期運作；一八九〇年代，皇仁書院、西醫書院及香港幾家教會學校開始有華人組織的男青年會，礙於種種問題，組織零散，各校會員只於週日在道濟會堂聚會。其後，青年會由北美協會派蘇森牧師（Walter J. Southam）來港拓展會務，另得到李紀堂兄弟支持，捐助一千元作開辦費，香港基督教青年會在一九〇一年正式成立。一九〇八年該會西人部獨立營運，華人部於一九一一年定名為「香港中華基督教青年會」。

散步小貼士

- 青年會的捐建者石碑鑲嵌在大門後，參觀時很容易會忽略掉可加以注意。
- 大禮堂（今庇護工場）內的牆壁上有歷任主事人的名單，由於環境比較昏暗，前往參觀時可帶備照明電筒。
- 青年會大樓的捐獻者死後大部分都安葬於薄扶林的基督教墳場，如馬永燦、郭樂、李煜堂等；安葬於香港仔華人永遠墳場則有黃炳耀、利希慎、曹善允等，有興趣逛墳場的可嘗試尋找這些曾經顯赫一時的名人墓地。
- 延伸散步點：與青年會建築風格相似的建築物，有舊上環街市（今西港城），同樣以紅磚砌成，屬英國愛德華式建築風格。

在必列者士街的青年會。必列者士街（Bridges Street），簡稱「必街」；「必列者士」乃「Bridges」的音譯，其命名實為紀念殖民地政府的一位律政司 William Thomas Bridges，他在一八五一年來港，創立了的近律師事務所（Deacons）。

青年會的三角會徽

「中央會所」誕生

青年會在成立初期曾租用德輔道二十七號、昭隆街（於區德所辦「昭隆泰」頂樓）及雲咸街之單位作會址。一九一二年香港獲批款興建會所，由北美協會向美國芝加哥麥金覓先生（Mr. C. H. McCormick）和碧士東夫人（Mrs. W. E. Blackstone）籌得美金七萬五千元作建築費，購地費五萬元則由香港的社會賢達和眾董事會友響應捐助，所購的必列者士街地段，乃上環半山與學校和教會為鄰的幽雅之地，對面正是青年會於一九一三年所建的學生宿舍，於此興建該會第一座會所「中央會所」，對推廣青少年教育和活動，大有助益。

中央會所樓高六層，面積宏大，設施俱全，其設計主題鮮明，外牆和四周均用了青年會代表德、智、體三者合一的三角會徽作嵌飾，融合了青年會的理念；而紅牆綠瓦的配搭，更是中西合璧，充分反映了華人青年會的歷史和特色。會所開幕儀式於一九一八年十月十日舉行，由署理港督施勳（Claud Severn）主禮，並邀得當時中華基督教青年會全國協會總幹事余日章博士等嘉賓出席和主持講座，參加及觀禮者近二千人。刻有會徽和奠基者名稱的基石，現仍見於大樓正面右牆角上；青年會為捐建者鑲立之碑石，今仍保留於會所入口處，饒有歷史價值。

青年會現貌

必列者士街二號曾為美國公理會佈道所，一八八三年由喜嘉理牧師創立，同年六月孫中山先生在佈道所接受洗禮成為公理堂會友；其後在一八八四年至一八八六年間就讀中央書院時，更於佈道所三樓居住（現已改建為街市）。

解讀碑文

一九一八年青年會為中央會所捐建者鑲立之碑石，載有近一百八十多位善長人翁和商號的名稱，這些名字不單代表青年會的支持者，細探當中的人脈網絡，更能進一步了解該會與多個華人組織的微妙關係。

石碑頂部鑄有兩位海外主要捐助者麥金覓先生和碧士東夫人的名稱，下方則為香港的捐建者，首先可見到一些赫赫有名的商號和華商，例如先施公司、永安公司及其創辦人馬應彪、馬永燦及郭樂；林護、黃茂林、莫藻泉、黃炳耀、李煜堂、李自重等，而歐彬、蔡昌、蔡興、利希慎、李星衢、馬敍朝等，郭樂和馬永燦等多位香港殷商更曾先後兼任東華醫院的總理。華人領袖與士紳何啟、伍廷芳、曹善允、劉鑄伯和陳啟明均為青年會的護航者。此外，太古洋行、渣甸洋行、英美煙草公司、西門子洋行、舊沙宣洋行等著名西洋商號亦榜上有名；車打先生（即遮打）、的近狀師和巴馬丹拿劃則師等外籍紳商亦給予支持。

除了殷商和士紳，專業人士如西醫尹文楷、何樂琴、李可楨、

青年會為捐建者鑲立之碑石

牙醫周夢熊，以及多位教會長老更是青年會的核心推動者。此外，西醫書院及教會學校的畢業生，如孫中山先生好友陳少白等亦捐款支持。

不可不知，碑上所列的只是捐助一百元以上的善長，當中實有更多熱心的教友和曾接受西方教育的賢達支持青年會的工作。尹文楷、溫清溪、陳少霞，以至先施公司和永安公司的馬氏與郭氏家族等，他們既是道濟會堂（即後來的「合一堂」）重要支柱，亦是青年會的中堅分子；幹事麥花臣亦參與多個教團及慈善組織的事務，他曾任香港共濟會的總導師；旺角麥花臣球場亦以其命名。碑上所列的捐助者無論工作及社會事業都是跨網絡的，他們的參與交織出一個強而有力的輔助網，讓華人青年會能藉中央會所的興建而得以迅速發展。

組織人事

華人青年會秉承着「非以役人，乃役於人」的精神，以西方近代德、智、體、羣的概念，培育青少年建立健全的人格和正確的價值觀。早期有北美協會派來的幹事推動會務，如格林・路易思、蘇森、麥花臣等；興辦者主要為熱心的華人基督徒，管理層多為教會學校畢業生和海外留學生等，以及曾接受西方教育的專業人士、商界和教育界翹楚，當中不少是合一堂等華人基督教會的中堅人物，他們匯通中西，利用自己的專業知識、網絡和社會地位，積極推動青年會的發展。

一九二五年三月二十四日《香港華字日報》刊載青年會舉辦之美術展覽會的報導。

美術展覽會先聲

本港華僑、對於美育一層尚鮮提倡、茲查青年會爲引起國人審美觀念起見、擬定于四月一日起、舉行一名美術展覽會、一連五天，繼徵得吾粵素稱嶺南三大畫家之高劍父高奇峯陳樹人三君同意，以其傑作送出陳列、並有日本新派名畫家古城岡觀君及英國著名油畫女作家麥花臣夫人之作品，共約一二百餘幀，公開展覽云，

青年會的禮堂已成為庇護工場

會務發展

青年會初期的服務對象主要為教會學校的學生，開辦打字、讀經、語文班等，亦有音樂和體育活動。一九〇八年創辦的「漢文日館」（青年會中學的前身），以中文推廣教育，更是先識遠量。中央會所自成立後，遂成為了青年會的基地，所舉辦的活動德智體羣兼備，服務新式又多元化，而其寬大的禮堂更是當時區內舉行大型活動的理想地點，例如節儉運動會（一九二三年）、青年會美術展覽會（一九二五年）、文學家魯迅先生演講（一九二七年）及香港首個集體婚禮（一九三六年）等等，日佔期間，會所則改為防空救護隊半山區A段總站，照顧避難者逾千人。

中央會所是青年會在香港發展的首要根據地，直至一九六六年一直是該會總部，其後總部先後遷往九龍和灣仔，會所的功能亦隨着社區需要而改變。現時的中央會所改稱作必街會所，禮堂已改作庇護工場，主要為智障人士服務，另仍提供康體設施，為區內青少年服務。

（林愷欣）

選文思路〉伍廷芳

香港首名華人大律師和華人立法局非官守議員伍廷芳先生，為中央會所啟用所撰之〈勸入青年會書〉。（摘自一九一八年《青年會事業概要》）

當時人語

勸入青年會書

人自呱呱墮地，不能離羣索居，於是有家庭、有國家及各種社會之組織。其社會愈大者，宜其團結力愈厚，發展愈速矣。然曠觀中外古今千萬年以來，以家庭論，良好者固有之，然其中責善親離、婦姑勃谿、發生劇變者，乃至不可勝數。以國家論，其治理修明，號稱強盛者，固史不絕書，然因政治之爭，殺人盈城，殺人盈野，近或數年，遠或百數十年，致生民塗炭，囂然喪其樂生之氣者，乃合萬古而一轍。至於各種社會，則又良莠雜見，或始完備而終破敗，或假善名而肆惡行，五色眛目，繁音亂耳。明哲君子，具改良社會之熱心者，幾至無所措手。何則？組合社會，如建築棟宇，必其基礎堅固，始不為風雨所飄搖，否則塗飾外觀，材木脆弱，有不為暴風驟雨所摧折者乎？故無論何等社會，如為習俗上之結合，或含有競爭權利之臭味，則極其流弊，必至阻礙人類之進化，發生可驚可怖之慘劇，以其基礎不固，易於動搖也。然則吾人既負改良社會之責，則當以真理、人道、和平、仁愛為基礎，而此社會必建築於真理、人道、和平、仁愛之上，而後層累而進，雖至上干青雲，亦必無傾覆顛敗之一日。吾甚願普天下之社會，咸如我所希望也！此即耶之天國也、佛之極樂世界也，乃吾博觀而窮索之。此種社會，竟絕無而僅有也。吾觀於青年會，不禁穆然生景仰之思焉！

創設青年會者，英人衛良公也，其時則一千八百四十四年六月也。衛良公一匹夫耳，崛起市廛，創始青年會，備歷艱辛，設會者五十國，會員都百數十萬人。祝典三舉，及身猶覩。今則會所遍於世界，即以吾國論，城市青年會、學校青年會，亦日加而未已。何則？青年會者，以真理、人道、和平、仁愛為基礎，而不涉於權利之誘惑與競爭也。致力於青年會者，本其好道之誠、堅毅之力，故人之樂趨之，猶水之就下也。青年會所舉辦之事業，若德育也、智育也、體育也、社交也、社會服務也、學校事業也、童子事業也、及一切有益之集會也，其名目雖多，然質而言之，不外欲養成人格、發展人類愛羣之性而已，故不假堅艦利砲長槍大戰，而人自樂之；亦可見人之天性，本樂和平而惡戰爭，重仁愛而惡殘賊。不幸為惡劣之社會所陷溺，遂致喪失其人格，而出於互相賊害而已，不亦重可惜乎？夫人當青年，見理未真，

伍廷芳先生原書真蹟

血氣未定，最易受外物之誘惑，如有良好之社會，以薰陶其德性，濬發其靈明，則上者可以為聖賢，次亦不失為寡過之君子。故吾之對於青年會，既致其景仰，而尤願同胞知青年會為鑄造人格之場，而與尋常交遊喧囂之地迥別，置身於其中，為可樂也。我國自改革以來，人皆輕道德而急功利，心醉物質之文明，而不深究所以為人之道，馴至人慾橫流、中風狂走，入五都之市，博場也，妓館也，凡所以剝喪德性，增長罪惡之社會，固無足論，乃美麗之房屋也，宏廠之酒店也，人爭慕之趨之，知有肉體之樂，而不知有精神之樂，此遂足稱為文明之軌範乎？噫！吾願有意改良社會者，勿使青年會專美也，幹事於青年會者，宜時思乃役於人，非以役人之訓，以增益人類之幸福也。

民國七年十月一日

選文思路

節錄自中央會所開幕特刊的〈青年會所形勝總説〉，繪形繪聲地點出了會所新式的服務與設施。

當時人語

青年會所形勝總説

會所全址位於太平山之麓，背北而南。前界必列者士街，後界四方街，左右橫亙兩道，東曰樓梯街，西曰水渠街，右側斜向即卜公花園。正對面者為本會童子部。地處高昂，隔絕市塵，無塵囂氣味。樓高聳峙六層，巍然矗立羣屋中，復四面通明。朝陽初出，對海則可以觀日落，夕陽西墜，面山則見世界如黃金。此其形地勢之大概也。

全座六層，正門自必列者士街而入，户口軒敞，拾級而登已是第四層。蓋必列者士街之高，比四方街已逾十尺。此固依山勢之傾斜而然，抑亦本會址配置之長處也。由是而進，區為兩段（每層皆然）。左則為款待室，事務室。再進為桌球室，客堂。轉而過右段，則為演説堂，亦即影畫場。此堂通連第五層，以取軒昂，座位約五百有奇，空氣光線充足。復出而下第三層，左段則全為教室，漢文日校及工商夜學均在焉。右段則為競走徑，亦即參觀體操處也。復下第二層左段，則游泳池在焉。池之兩邊為更衣室，浴房水廁等。右段則之健體室，羅列器械操墊等，種種運動

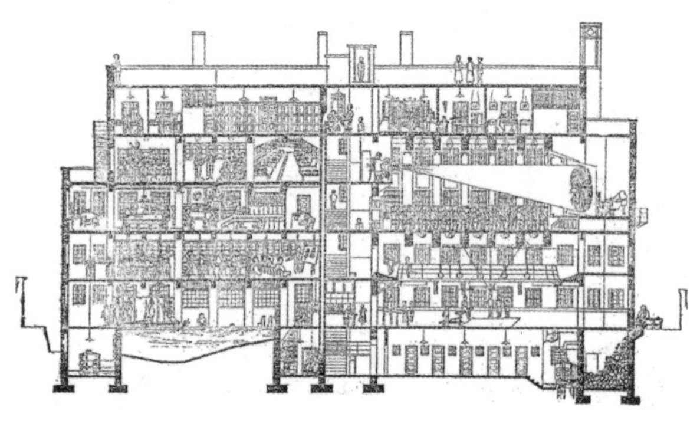

中央會所部析圖

皆於其處為之。至最低一層，則為廚房及洗衣場，機爐房等。其一邊則工役之宿舍與膳堂也。上述數層，皆自第四層以下者。今請轉述其上者。第五層左段為交際室。西餐樓及救傷隊辦事處，談話室及小講堂，乒乓波遊藝房等。右段即與第四層演說堂相通者。其一小台即置影畫機關處也。再上即第六層。其中櫛排鱗比者皆屬寄宿舍，可容居者百數十人。其中椅桌衣櫥臥具等無不齊備。四周復有寬大騎樓，欄上盡列盤花可供散步玩賞焉。

上所云云，六層內容，均經剖示，然毋遽謂可歎觀止也。蓋六層之上，尚有屋頂花園之清景雅致焉。全面平滑，堅穩如地，履登其上，全港形勢在望，有如示諸掌中。仰枕高山，俯瞰大海，左右環拱千萬户，獨置身中央，誠足自豪。方之昔日滕王閣，又何多讓焉。況復四時花木，陳設成叢，清風襲來，香生兩袖，月明之夜，與二三友人於此，足以暢懷談心，豈非快人韻事也哉。

選文思路 〉施勳

護督施勳在中央會所開幕致辭，勉勵青年人要善用會所的設施。（節錄自：《香港中華基督教青年會九十週年會慶特刊》）

當時人語

中央會所開幕典禮護督施勳致辭譯稿

中華基督教青年會的董事先生邀我主持這會所的開幕典禮，我表示衷心感謝！我引以為榮的特別是因為這偉大的社團，目前努力進行着援助那些正在法蘭西、比利時及其他各處地區為着自由而戰爭的勇士們。關於這方面的情形，各位最近曾聽過一位在法蘭西和意大利服務兩年的羅維士先生演講，我不必多述。但事實上這社團的一切活動，全因戰事急迫而發展，我們希望它對全世界的貢獻將永久增進。香港的中西兩青年會都因為沒有適當的會所，而致工作上多少受牽制。華人青年會有了這良好的會所，這問題獲得解決，我希望西人青年會也在不久將來找得會所，有盡量發展工作的機會。……

你們有良好的工作基礎，麥金覓先生和碧士東夫人把他們高貴的禮物給你們一個大機會。他們給予物質上的力量，使你們負起責任；猶之給你們一個簇新的軀幹，可是不能賦予靈魂及精神去使它靈活。他們給予一副機械，你們就要做成發動力。你們怎樣去使用這機械呢？你們已經有了好的領袖，如麥花臣先生和慕羅先生盡了很大努力，已把這會所見於實現。還有富有商業經驗的陳少霞會長，老會員黃茂林先生，楊少泉醫生和何麗臣、何少流幹事以及許多其他人士，已經給你們很好的開始了，只要大家努力跟隨，向前邁進。……

百姓廟

過客安魂之處

位於上環太平山街與磅巷交匯處的廣福義祠，俗稱「百姓廟」，始建於一八五六年。祠高兩層，門上石額刻有「廣福慈航」四字，正殿供奉地藏王菩薩。這座小廟宇促成了東華三院的創設，跟香港醫療發展有着深厚的淵源。

散步小貼士

- 沿必列者士街西行，拾級而下，便抵達太平山街。沿太平山街一帶，佛堂、庵堂數目眾多，是其一大特色。這與十九世紀太平山街曾發生瘟疫而居民紛紛從家鄉請來神祇消災有關。
- 參觀路線：廣福義祠緣起碑記→「樂善不倦」牌匾→銅鐘→神主牌。
- 「樂善不倦」牌匾的其中一位捐獻者譚才，開平縣人，亦是文武廟的值理，為當時的街坊領袖。一八六六年開平發生了土、客之爭，譚才率領一批僱傭兵、乘坐一艘戰艦北上開平支援，故當地人認為譚才護土有功。

太平山區的發展

香港早期上環華人商業區的形成，可說是由於殖民政府的鼓勵。英國人從一八四一年登陸香港後，於「政府山」（Government Hill）的中環和金鐘一帶大興土木，興建各種設施，需要龐大的勞動力及各種服務，遂吸引不少內地華工前來謀生。因此，英政府容許華人聚居於中環一帶，首任港督砵甸乍更鼓勵華人在該地設置市集進行買賣，是為香港早期的上市集（Upper Bazaar）。其後，殖民政府在一八四三年出售中環一帶土地予歐人，並強迫居住在那裏的華人遷往太平山區，且透過其他政策，把該區建設成華人區。太平山區於是迅速發展起來，成為華人的聚居地與商業區，人口密集，店鋪林立。

百姓廟現貌

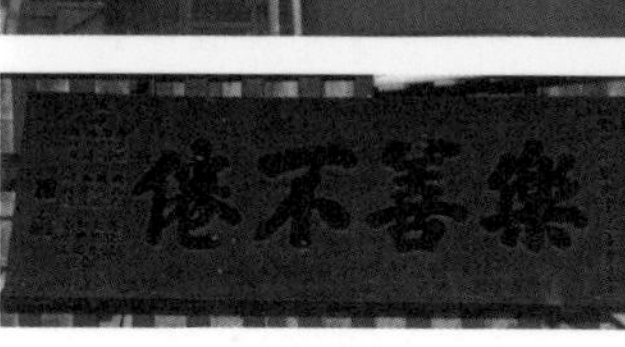

「樂善不倦」牌匾

廣福義祠緣起碑記

百姓廟的由來

一八五一年，十四名行業代表和商人請求港府撥地建立義祠，暫時安放流落香港而不幸客死異鄉的華人，為他們設置神主牌位，待其家屬親友來港，將其神位接返故鄉安置，使死者不致淪為孤魂野鬼。當時輔政司威廉・堅代表港督般含批准撥地，義祠約於一八五六年建成，這就是「廣福義祠」的由來。由於廣福義祠成為來自五湖四海和不同姓氏者暫時安放神主牌位之地，故人們又稱之為「百姓廟」。

可是，隨着清廷政局的變化，不少華人南來避禍與謀生，義祠的角色逐漸不單只為過客暫時安放神主牌。由於當時香港政府缺乏醫療設施的規劃，既沒有華人醫院，亦沒有公眾殮房。義祠設有診所，為貧苦大眾贈醫施藥，由於求過於供，常出現人滿之患。有些病人身故後，無人即時料理，屍體置於義祠一角。有些病重垂危者，亦擠在義祠內等死；一些無家可歸的人，更以義祠為棲息之所。

由於衛生條件不足，且乏管理，祠內臭氣薰天，污穢之物隨處可見，環境之惡劣實難以想像，遂引起社會人士的關注。一八六九

百姓廟神主牌

百姓廟銅鐘

年四月，一名在香港過境準備移民的男子在廣福義祠死去，引發社會上對義祠的非議，當時中央書院校長史超域（Frederick Stewart）與署理華民政務司李仕德（Alfred Lister）一起前去視察，亦認為情況十分嚴峻。李仕德在致殖民地部大臣的信函中提到：

「我第一次到該處（指義祠）視察，發現有九至十名或生或死的病人躺在這所『醫院』裏；其中一名相信是因腹瀉而骨瘦如柴的垂危病人躺在一塊如其身形大小的木板上，停放在一個狹窄得根本不能站立的空間裏；另一間房安置了兩個奄奄一息的病人，他們身旁是一具屍體，泥鋪的地上滿佈一灘灘尿液。旁邊的房間放置了管理人員所稱的屍體，但仔細察看，其中一人尚有氣息……其他的房間躺滿了悲慘瘦瘠的病人，他們既不能動，也無法言語，衣衫襤褸，顯然自送到這裏後從未換過衣服。在這裏，人的自然需要淪落至無法形容的令人厭惡的境況。」

同年四月二十日，西報記者前往採訪，並於翌日的報導中形容義祠為「人間地獄」，事件轟動一時，外籍居民嘩然。

有見及此，港督麥當奴下令改善義祠環境，將病者送往政府醫院，並將義祠的管理權收歸政府，又委任兩名議員負責調查事件。

百姓廟與東華醫院的創建

調查報告指出，義祠問題源於華人對西藥存有恐懼，香港欠缺華人信任的中醫服務，於是麥當奴決定建立一所中醫院以解決問題。麥當奴一面改革義祠、贈醫施藥，照顧貧病，稱為贈醫所，一面撥出上環普仁街的一塊土地，出資一萬五千元籌建醫院。華人團體亦發起募捐，建立醫院取代義祠，東華醫院就是在這背景下於一八七二年落成。中國著名學者及新聞工作者王韜在撰寫《創建東華醫院序》時中指出，「太平山側，固有所謂廣福慈航者，為停棺寄櫓，垂死病人遷處之所。特當事以其措置不善，已諭撤除。梁君鶴巢、陳君瑞南請於當事，因其舊址擴而新之，暫為施醫治病之地。於時捐資集事者凡百二十人，特是經費無所出，事可暫而不可常，因羣請於前任憲麥公（麥當奴），麥公……賜地給幣，獎勵甚至……於是醫院大功告成。」可見東華醫院的創辦，與廣福義祠有着直接的關係。

東華醫院落成啟用後，政府下令解散義祠組織，贈醫施藥善舉，交由新籌建的東華醫院統辦，而義祠也收歸東華醫院管理。

廣福義祠與保良局

廣福義祠門前石碑，載有「本廟地段乃因眾議偕建保良公局以為辦善之用」字樣，可見廣福義祠與保良局的關係。

十九世紀末葉，拐賣婦孺的風氣日盛。匪徒誘騙良家婦女到港，初則詭騙為傭，繼則逼勒為妓，或轉販外洋，或分售各地；童男則賣作養子，童女則鬻作妹仔，更甚的被賣作他人妾侍或娼妓。（見《香港保良局百年史略一八七八——一九七八》）。一八七八年，四名殷商向港督軒尼詩建議，表示「拐風日熾，願捐賞金，獻備官庫，購線追緝」，後又申請以「保赤安良」為宗旨，成立社團，專責營辦保護婦孺的服務。一八七九年，獲香港政府批准成立「香港保良公局」，從事禁除拐帶、拯救被拐帶婦孺的工作；一方面派員查察拐匪，繩之以法；另一方面設置居所，收容被拐帶的婦孺，或送回原籍，或撫育成人。同時，保良公局又得東華醫院暫借「平安」、「福壽」兩樓辦公，開展局務。

在四名發起籌建保良公局的殷商中，其中兩位即曾任東華醫院總理，故東華與保良公局的關係至為密切。一八九一年，保良公局當年首總理與東華醫院董事向政府申請，將東華醫院管轄的廣福義祠普仁街地段轉作保良公局興建局址，獲港督羅便臣批准，局址終於一八九六年建成，繼續推展防範拐誘、調解家庭糾紛、保障婦孺等工作。

一九三一年，保良局遷往銅鑼灣禮頓道現址後，義祠地段亦交還東華醫院管理。

（黃白露　黃浩潮　丁新豹）

東華醫院

香港華人凝聚力的象徵

東華醫院是香港第一所由華人組成的慈善機構及醫院，自一八七〇年成立以來，為華人提供多元化服務，與地方的政治、經濟、社會、教育、慈善息息相關，具有崇高的地位。一九一一年廣華醫院成立；一九二九年，東華東院落成，合組成今天的東華三院。

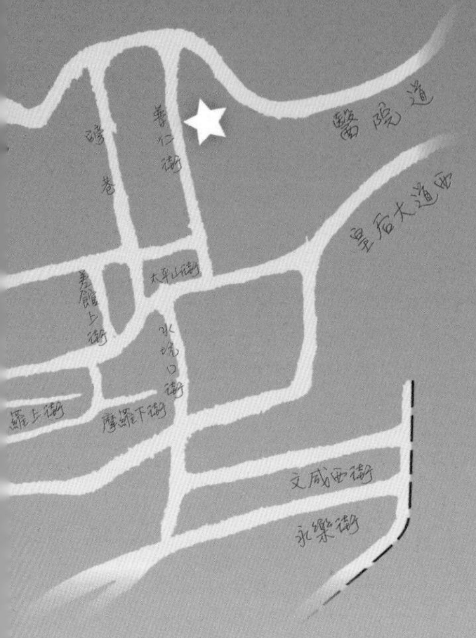

散步小貼士

- 東華醫院的正門門樓上刻有「東華醫院」四字，乃出自嶺南名士陳璞之手，他的墨寶價值不菲，其潤筆費用由當時東華的倡建主席梁雲漢自掏腰包支付，而陳璞亦將該筆費用回贈東華，成為當日的文壇佳話。
- 醫院左側舊樓（一級歷史建築）前門旁有一塊紀念港督麥當奴撥地並資助興建東華醫院所立的奠基石碑，由於所處位置並不顯眼，參觀時宜加注意。
- 「萬物咸利」牌匾懸掛在東華議事廳內，牌匾下有神農氏畫像，表徵東華具有神農嚐百草而肩負救治世人的抱負。
- 神農氏畫像兩旁懸有一副對聯，是梁雲漢領導的董事局捐贈，記載了東華的創院經過。

東華三院緣起

東華醫院是在一八六九年由香港華人買辦、南北行商，疋頭、白米、金山莊、公白行（鴉片專賣）等行業商人共同籌組而成，當時在社會上共募捐得款三萬餘元，復得港府撥出上環普仁街地段十二英畝為院址，並資助十一萬五千元以供建築費用，因而鳩工興建，於一八七二年落成。為海內外歷史最悠久、規模最宏大、服務最多元化之慈善機構。東華是一間屬於全體華人的慈善組織，它的創立反映了華人社會日趨成熟、華人財富的增加及政府對華人態度及政策的改變。

開埠之初，來港華人多為從事體力勞動的打石工人、苦力、小販，他們來到人地生疏的香港，多加入最初的華人組織，包括血緣的宗親會、地緣的同鄉會及業緣的行會等。港府起初採取消極的權宜之計，把通行於內地的保甲制移植到香港來，實行以華治華，絕少干涉華人事務。自十九世紀中葉以後，香港的經濟逐漸發展起來，一批既有財富，復有影響力的商人冒起，尤以買辦及南北行商人最為顯赫，政府在吸收了二次鴉片戰爭期間香港動盪不安的教訓，認

東華醫院正門現貌

識到要維持香港的安定繁榮，必須取得華人領導階層的支持。一八六〇年代，因廣福義祠環境惡劣為西人詬病，華人翹楚分子乃發起成立華人醫院，讓不願意接受西醫西藥的華人可接受醫療，適值港府亦採用懷柔政策，有意籠絡華人，終促成了東華醫院的成立。

東華早年的服務包括贈醫施藥、施棺贈殮、協助客死異鄉者原籍安葬、設棲流所安置無家可歸者、開辦義學等，在香港政府的社會福利付諸闕如的時代，肩負着為香港華人服務的重擔。遇有風、火、水災，東華總站在救急扶危的第一線。香港與內地唇齒相依，血濃於水，遇有內地爆發天災，東華必牽頭發動籌款，施賑救災，甚至委派當年總理親赴現場，勘察災情。後來，東華還取代了文武廟成為華人的排難解紛的仲裁機構。它既是香港華人與中國政府的中介，也是香港華人與海外僑胞的橋樑，而東華的總理，更被公認為香港華人社會的領袖。

光緒帝頒賜的「萬物咸利」牌匾

馮國璋所贈「善與人同」牌匾

徐世昌所贈「急公好義」牌匾

東華醫院的牌匾

近一百四十年來，東華三院造福社會，惠及同胞，不少機構或送贈對聯或牌匾以作表彰或答謝，其中不少更極具歷史價值，如光緒帝於一八七八年頒賜「神威普佑」牌匾與東華，以答謝該院曾賑濟山西旱災災民；民國時期，總統馮國璋及徐世昌分別送贈「善與人同」及「急公好義」牌匾，其他送贈牌匾的名人還包括李鴻章、曾國荃、蔣光鼐、蔡廷鍇、陳炯明等。東華大堂懸掛了不少出自名家手筆的對聯，其中尤為難得的是近代啟蒙思想家、《循環日報》主編王韜的長聯，此等牌匾、對聯，鐵劃銀鈎，書風遒勁，既是難得的書法珍品，更是百多年來東華益善行道的歷史見證。

「克廣德心」及「神威普佑」牌匾

一八七七年及一八七八年山西、河北、河南一帶爆發了我國近代最嚴重的一次大面積旱災，據統計死亡人口達一千萬，災情之慘重，令朝野大為震驚。直隸總督北洋大臣李鴻章委派當時正在揭陽養痾調息的原福建巡撫丁日昌，利用同鄉之誼，向香港及南洋富紳勸捐。丁氏特別向兩位居港的潮州籍商人：高滿華（元發行東主，東華創院總理）和柯振捷（合興行東主，東華一八七四年總理）勸捐，並由東華統籌是次的籌款活動，東華共籌得六十六萬五千港元，朝廷大為讚賞，先由山西巡撫曾國荃在光緒四年四月送贈「克廣德心」牌匾，以作答謝。翌年，更獲光緒帝御賜「神威普佑」匾。同一賑災事件獲賜兩副牌匾，在東華歷史上極為罕有，亦說明了朝廷對是次東華賑災之重視。

蔣光鼐及蔡廷鍇所贈「義氣可風」牌匾

「義氣可風」牌匾

一九三二年，日軍在上海發動一•二八戰事，十九路軍奮起抗敵，烽火漫天，滿目瘡痍，受戰火波及而無家可歸的災民達二十多萬人，其中不少為粵人。東華醫院總理除了沿門籌款外，更義演粵劇，共籌得四十多萬元匯往上海賑濟災民。此牌匾便是當年十九路軍總指揮蔣光鼐及軍長蔡廷鍇贈予東華，以答謝東華在是次戰亂中所作出的貢獻。留意當年東華主席為陳廉伯，他在「商團事件」後移居香港，後在華人社會中享有盛譽。

選文思路

東華醫院於一八七〇年四月九日由港督麥當奴主持奠基典禮，一八七二年落成，仍由麥當奴港督主持開幕典禮。一八七二年二月十日的香港《德臣西報》詳細地報導開幕禮的盛況。（摘錄自《香港東華三院發展史——創院九十週年紀念（一八七〇——一九六〇）》頁12）

當時人語

東華醫院開幕禮的盛況

「此有趣味之典禮，已於今日極其隆重舉行，典禮為祭祀神農儀節。神農乃盤古三皇之一，三皇皆享壽萬歲，神農乃眾認為醫藥之發明者，但非醫家所常祀之神，此次之所以選擇此神者，乃因值理中有小部分反對安神於院內。

晨早值理約七八十人，在荷李活道廟側之公所齊集，各人都着官式禮服，甚至拖翎者亦有。八時許以前巡遊，先經本城華人街道，巡遊之中，有中樂及各款會景中常有之儀仗，行頭者為大燈籠一對，上書『東華醫院正式開幕』字樣。巡行至公所，乃暫停一息。值理即於此處加入。當巡遊返程，起行時鳴炮三響，全體遂向中央書院進發，轉入歌賦街，行經刼行舖位，旋入文咸街而轉上上街，向醫院前進。參加典禮之人，其中有刼行買辦梁安（即梁雲漢）、安利行買辦陳錦、渣甸買辦伍祝（Ng Chook）、太平行買辦蔡亞接、吧士頭洋行（Pustau & Co.）買辦黃燊（Wong Sun）、新公司買辦張繼（Cheung Kai）、A.G. Hogg洋行買辦馮明山、Smith Kennedy & Co. 洋行之前任買辦陳定之與郭亞昌（即郭甘章）、何亞錫、李成、李德昌、陳根等。梁安乃值理之主席，故其在典禮之工程最為著目，他沿途手持玉香三枝，一直持至到步巡遊抵醫院時，又鳴炮三響迎接，此時典禮遂開始舉行。樂隊立於中庭之一側，儀仗者分排兩行，列於大堂兩邊，再深進則值理亦分兩行排列及佈置妥當。撥開充足地方之後，主祭梁安即進前將其手中之玉香三枝，插上香爐，插妥之後，遂企立於一旁，隨遵贊禮員陳錦號令，跪於一檀香架前，架中刻有神農之像，對此叩頭三次之後，乃起立虔誠步前，將封閉該像之紙揭去，然後交該架與兩贊禮副員捧至大堂最深處，安入玻璃櫃內，贊禮員叫『退』一聲，梁安遂退出階前。贊禮員又命其跪下叩頭，舉行三跪九叩，旋讀禱詞員建南行嚴道南上前叩頭，並讀禱詞，但禱詞極短。神像之前，設一長桌，桌上陳列許多碟食品，如燒肉、熟肉、生葉餅食及饅頭糕品等，饅頭則製成八仙、大象、麒麟及孔雀等。長桌尾端，陳列燒猪及生猪、生羊各一隻。聞生猪乃以代牛，其所以不設牛者，想必因桌上地方不足矣。神像之上牆之正中，懸紙一軸上書『壽』字。

讀完禱詞之後，主祭人再次跪下，將祭品由擺左便之碟起獻神，先由二人將祭品交與另二人，然後由此二人持至主祭所跪之處，虔誠進上主祭；主祭遂將祭品舉至頭上，復將之交與侍立右便二人捧回原處。碟碟獻完之後，再獻白飯一碗，繼以生果清茶，此時該神已作完席，乃又進粥或酒一碗。祭完遂令樂隊奏『大樂』，於是在此鑼鼓聲中，乃燒元寶等物，同時爆竹燃發，炮鳴三響，典禮遂宣佈告成。各事完後，又請數位伶人加入助慶，演八仙賀壽之戲。

行禮之時，雖全區更練出齊，維持秩序，然觀眾仍然極之擠擁，人人皆切欲擁前觀望行禮，且有甚者將足連鞋踏上椅上之新墊，聞該椅乃昔日富豪潘殿貴（Poon Tinqua〔即原廣州般商潘仕成〕）之物，因其關係於食鹽專賣拖欠債項，故其財產為中國政府查封。該典禮予人以深刻之印象，且人人皆謂在香港所見者，以此為最隆重。有一波斯商人，甚為注意全套典禮，由首觀至尾始去。」

選文思路

東華醫院亦有「廣東華人醫院」的含義，因此，東華的救濟活動亦不局限於香港以至於廣東，就算內地各省出現嚴重災情，亦全力以赴。同時，內地亦因應需要，而促請東華伸出援手。東華三院藏有一來往電文，便是一九三一年漢口發生嚴重水災，內地組織聯合賑災會，並發電東華要求援助。（電文採自《益善行道》頁211）

當時人語

東華醫院的賑災事務

「東華醫院鑑：漢口水災，百餘年未有，各行省所無，勢逼災重。武漢同鄉盡力籌款匀放急賑。現正籌徹底及善後救濟。九月六日以前，並無向外募捐情事。上海報載，派員募捐各節，請勿為惑。茲由上海粵僑商業聯合會廣肇公所、武漢廣東同鄉會共組聯合賑災會，經政府立案，寓漢口文華里十三號。惟事繁費重，棉力無多，敬向尊處呼籲，懇賜援助。倘荷捐惠，乞逕匯敝會，並懇將情代登貴埠報紙，至感至禱。暨盼示覆。聯合賑災會叩魚。」

東華醫院覆電：「漢口文華里十三號聯合賑災會：魚電悉。經將刊登各報，賑款專為散賑各省災民，日間匯上。東華醫院覆虞。」

電文反映東華醫院與內地具有多層次、多渠道的溝通與合作職能，亦建立了強大而寬廣的聯繫網絡與互信基礎。有時，海外華僑會委託東華把善款轉交內地某一地區賑災；而殖民地政府有時亦通過東華醫院，參與一些內地救災善舉。從此可見，東華醫院是歐美、東南亞、內地、香港華人社區的樞紐地位，發揮強而有力中介角色，這絕不是一所平凡醫院所能辦到的。

「東、保一家」

英國自割佔香港以後，殖民政府對華人一直採取隔離政策，通過法例，將半山區劃為歐籍人士的居所。華人多聚居於上環荷李活道、太平山區、西營盤一帶。隨着內地政局的變化，華人紛紛南下避禍、謀生，上環一帶遂成人口密集的華人社區。

在上環漫步，從南北行街、文武廟、廣福義祠到東華醫院的建築羣，不但可以發思古之幽情，更可看到華人精英、殷商對貧困者的援助，亦能體會傳統華人社會組織善會的高風亮節。

文武廟是超越宗族、語言的宗教活動的場所，亦是華人領袖推動公益事業的公所。在香港開埠初期，文武廟為華人社區承擔了排難糾紛、仲裁審判、推廣教育、組織祭祀等職能；廣福義祠為貧病無依、老弱孤寡的社羣提供棲息之所。東華醫院自創辦後，接管了廣福義祠與文武廟的產業與職能，並全力推展慈善福利事業。

根據科大衛教授（Prof. David Faure）的研究，從十九世紀晚期到一九三〇年代，香港的華人社會出現層級結構。上層是東華三院董事局成員與少數立法局華人議員，下層是勞動工人，如船塢工人、人力車夫，以及「妹仔」等，而工匠、小商人及日增的製造業工人則處於兩者之間。從此可見，東華醫院董事局的成員是當日華人社會的領袖。

細看當年那十三位東華醫院的倡建總理，有洋行買辦、南北行行商、米行、疋頭行商人及創建英華書院的黃勝，涵蓋了華人社會的殷商與精英，構成一個緊密的、環環相扣的人脈網絡，竭智殫精的為慈善事業而努力。同時，東華推展福利事務，亦每每打破單一機構的局限，集結各方的力量，扶危濟世。

另外，卸任東華總理職務的，多有參與其他慈善團體的職務。在東華醫院成立十週年的時候，曾任東華醫院主席的文武廟值理梁雲漢等建議創辦平民教育，經費由文武廟提供，校舍由坊眾捐獻，學校行政與財務由東華醫院負責，名為「文武廟義學」，正是東華匯聚社區力量興學育材的最佳明證。

又如，東莞商人獲東華紳商的協助，才得以順利開展「保赤安良」事務。同時，卸任東華職務的，亦多有參與保良局事務，如東華醫院倡建主席梁雲漢即於一八八一年出任保良公局主席，籌建禮頓道會址的譚煥堂主席，便是一九二六年的東華主席，充分體現了「東、保一家」的精神。

「天行健，君子以自強不息；地勢均，君子以厚德載物。」在上環華人社區的歷史中散步，一段段悲涼淒清的情景，賺人熱淚；但一幕幕感人而無私的畫面，一個個人間有情的故事，卻又叫人暖在心懷，別有一番感受。

（黃白露　黃浩潮　丁新豹）

中華基督教會合一堂

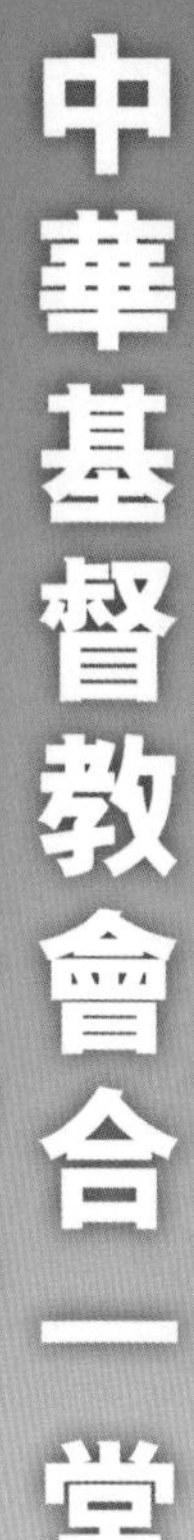

香港華人自理教會的基石

位於般含道二號的中華基督教會合一堂，一九二二年興建，一九二四年奠基，一九二六年落成啟用，依山面海，莊嚴宏偉，是一座歌德式建築的大教堂。

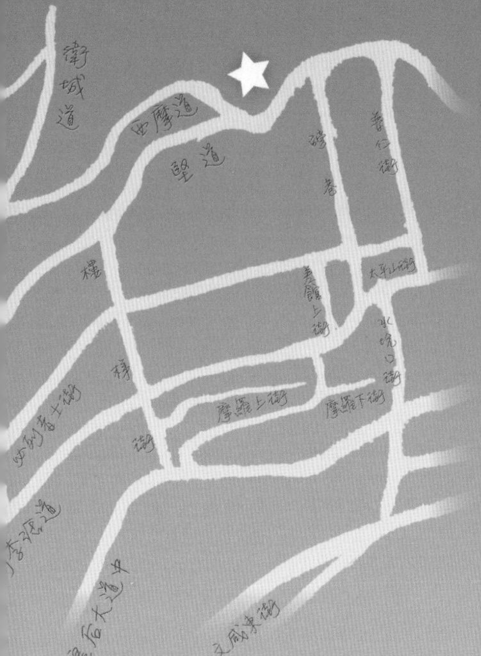

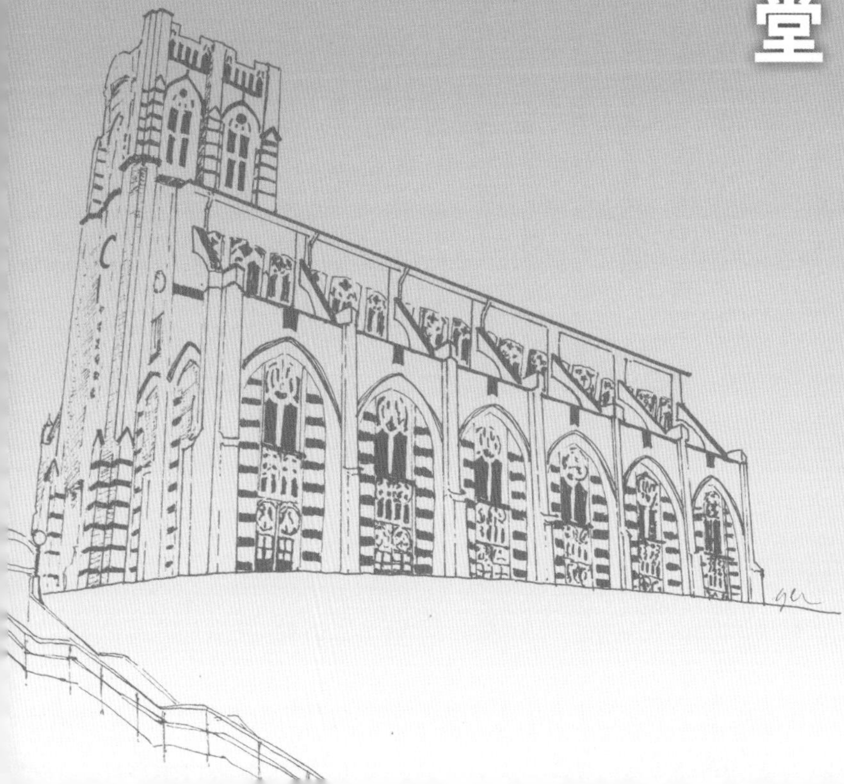

散步小貼士

- 基督教會堂的建築一般較天主教堂為本地化，像合一堂那般具西式建築風格屬少數，這與一九二〇年代發生的反基督教（「非基運動」）運動有關，其後教會為了融入華人社會，興建的教堂，如聖馬利亞堂、循道衛理香港堂便同時採用了中、西的建築特色設計。
- 延伸散步點：合一堂和道濟會堂的關鍵人物何啟，死後安葬於跑馬地墳場，對他的事蹟有興趣的可前往細味其墓誌銘。

倫敦傳道會與馬禮遜牧師的來華

合一堂樓高三層，地下是副堂，二、三樓是一可容千多名教友聚會崇拜、肅穆莊嚴的禮拜堂，頂層是鐘樓所在。教堂的白色外牆，裝飾有一條條紅色的磚帶，別具特色，香港大學建築系教授龍炳頤指出這種「結構彩繪」（又稱「永久彩繪」）是維多利亞時代的建築特色。

教堂大門的左側牆壁，嵌有「道濟會堂」的匾額，上款刻有「此石為荷李活道會堂匾額鐫於一八八六年距今三十九春秋矣每一瞻仰即無異翻閱華人自理會一編歷史茲舊堂移築於此以教會聯合故或且易名」，說明了教堂的歷史，與「道濟會堂」有直接的關係，而道濟會堂又與英國倫敦傳道會息息相關。

因此，漫步合一堂的歷史，得從英國倫敦傳道會（London Missionary Society）在香港的傳教事工開始。

一七九五年，公理會（Congregational）聯合聖公會（Anglican）、長老會（Prebyterian）及循道會（Methodist）組成英國倫敦傳道會，向海外傳播基督福音。一八〇七年，馬禮遜牧師（Rev Robert Morrison，一七八二—一八三四）奉命來華傳教。

當時，滿清對外國人的管制甚嚴，先後頒佈了《防範外夷規條》（一七五九年）、《民夷交易章程》（一八〇九年）、《防範外夷人章程八條》（一八三一年）及《防夷新規八條》（一八三五年），外國人不能輕易進入中國內地，而東印度公司的輪船亦不許乘載傳教士，故馬禮遜只得繞道美洲，再從美國乘船來華。一八〇七年，馬禮遜抵達廣州，先在一家美商的貨棧棲身，學習華語。一八〇九年，馬禮遜牧師獲東印度公司聘為翻譯，繼續在公餘從事翻譯聖經的工作，以及製作一些宣揚基督教的單張。一八一三年，馬禮遜向倫敦傳道會提出興辦學校、出版刊物等建議。同年，米憐牧師（William Milne）奉派東來相助；一八一五年，米憐牧師在馬六甲成立傳教站，從事刻版印書工作。馬禮遜牧師則努力翻譯聖經與出版佈道文字，後因滿清政府不滿，追捕刻版印刷的工人，馬禮遜便也遠赴馬六甲避禍。

一八一六年，英派特使阿美士德（Lord Amherst, William Pitt）

來華，馬禮遜牧師被委任為中文翻譯，隨團北上。一八二六年，馬禮遜再度來華，東印度公司擢升他為高級職員。一八三四年，東印度公司對華貿易的專利期滿，英政府另派律勞卑（Lord Napier, William John）來華出任駐華商務監督，律勞卑到任後即聘馬禮遜為祕書兼翻譯，可惜一個月後，馬禮遜即因病辭世。馬禮遜的兒子馬儒翰（J.R. Morrison）參與中英《南京條約》的談判，其後更任香港政府的行政局及立法委員，惜英年早逝。

佑寧堂

佑寧堂奠基石

倫敦傳道會與道濟會堂

一八四一年一月二十五日，英軍登陸港島上環水坑口（Possession Point），二月一日，英國駐華商務總監義律（Captain Elliot, Charles）頒佈安民告示，表示滿清已「將香港全島地方讓給英國統治」。基於香港方便進入內地傳教，且傳教自由，故倫敦傳道會的傳教基地便從馬六甲移至香港。一八四二年，傳教士合信醫生（Benjamin Hobson）抵港，在今灣仔摩利臣山籌建醫院，是倫敦傳道會在港的第一據點。一八四三年，理雅各牧師（James Legge）偕同何福堂來港，一八四四年在上環士丹頓街與鴨巴甸街交界的歐籍區內興建一所「傳道會大樓」（Mission House），一面辦教育，一面傳福音。「傳道會大樓」除用作英華書院（Anglo-Chinese College）授課及學生宿舍外，還有印刷廠及倫敦傳道會的傳教士宿舍。其時信徒在英華書院聚會、受洗，故時人稱為「英華書院公會」，將兩者聯繫一起。

一八四六年，何福堂受倫敦傳道會按立為牧師，成為繼梁發之後的第二位華人傳道人。

一八四四年，理雅各牧師與居港的歐籍教友捐建佑寧堂（Union

Church），作為中外教友聚會與崇拜的地方。佑寧堂於一八四五年落成，位於伊利近街，面向荷李活道的歐籍人士區域。當時的主日崇拜，上午以英語進行，讓歐籍人士禮拜；下午則用粵語，方便華人參與。其後因聚會信眾日增，原有的禮拜堂已不敷應用，乃於一八六〇年代出售教堂舊址，改在士丹頓街興建新的佑寧堂。

倫敦傳道會發展海外宣教事工的策略，先是在當地招聚信徒，進而協助信徒建立自主教會。一八七六年訂立會章，成立「華人自理會」，故「道濟會堂」的籌建與落成，便是倫敦傳道會貫徹推動本地教會走向「自養、自治、自傳」的歷程。

一八七九年，華人信眾漸多，「華人自理會」乃募款購入上環一座樓宇為聖堂。一八八五年，「華人自理會」商請禮賢會王煜初牧師為主任，主持教會工作，並籌建道濟會堂。次年，信徒高三桂夫人廉售荷李活道與鴨巴甸交界的地段，用作興建華人自理會的教堂與醫院之用。醫院於一八八七年建成，而禮拜堂則於一八八八年落成。華人自理會的教堂是倫敦傳道會協助成立的香港第一所華人自理會堂，取名「道濟會堂」，有以天道救人的含義，故道濟會堂懸有「天道下濟」的牌匾；而落成的醫院，命名為「雅麗氏利濟醫院」，取以利益救人的意思。

（據《中華基督教會合一堂開基一百週年暨香港堂建堂六十週年榮慶》）

合一堂的興建

一九二〇年，中國長老會、公理會及倫敦傳道會通過合一堂為「中華基督教會」，道濟會堂亦於一九二一年加入，易名為「中華基督教會道濟會堂」。由於道濟會堂的會友日增，實有建造新教堂的需要；而黃玉梅亦在《憶道濟會堂》指出，隨着香港社會經濟的發展，「荷李活道商店林立，環境雜亂，蟲鼠橫行，時疫猖獗」，加上「雅麗氏醫院決定變賣該產業，遷往般含道與那打素醫院合併擴建」，道濟會堂「因地契相連亦同時變賣」，得倫敦傳道會轉讓半山般含道地段，並得澳洲長老會教友的支持，組成「建堂小組」。教堂於一九二二年動工，因受省港兩次罷工風潮影響，工程拖延，至一九二六年底落成。新堂建成後，公開徵求堂名，並以投票方式決定新堂名稱為「中華基督教會合一堂」。一九二六年十月九日分別由張聲和牧師、伍廷芳夫人何妙齡女士主持正堂及副堂啟鑰禮後，正式啟用。

合一堂現貌

何啟與道濟會堂、合一堂

何啟（一八五九—一九一四），何福堂之子，是道濟會堂的教友，肄業於中央書院（Hong Kong Central College），其後赴英進修，先後取得內科學士（Bachelor of Medicine）及外科碩士學位（Master of Surgery），並取得大律師榮銜。一八八二年，何啟與其英籍夫人雅麗氏（Alice Walker）回港。何啟同時具有醫生及大律師資格。

一八八四年，何啟遭逢喪妻之痛，在悲傷之餘，願意捐資予倫敦傳道會興建一所以其亡妻命名的醫院，因着何啟的捐獻，興建華人教堂的建議亦一併考慮。一八八六年，信徒高三桂將其位於荷李活道的物業廉讓與教會，一半為興建教堂，而另一半則興築醫院。醫院方面，由何啟捐建，並命名為雅麗氏醫院（Alice Memorial Hospital），以紀念其亡妻。雅麗氏醫院於一八八七年落成，亦成為日後西醫學院的基本實習醫院。

同年十月，何啟與一羣醫生在醫院內創辦「西醫學院」，採五年制，為日後香港大學醫學院的前身。何啟自醫學院成立之後，即出任法醫講座教授（Chair of Medical Jurisprudence），一直至辭世為止，幾近二十年。孫中山先生在一八八七至一八九二年期間修習醫科課程時，與何啟建立良好的師生關係，而何啟亦一直支持孫中山的革命活動。

當道濟會堂籌建合一堂的時候，傳教士曾諮詢何啟。何啟臨終前建議，重建道濟會堂和雅麗氏醫院遷往般含道與那打素醫院合併擴建事宜，宜同時處理。（詳見劉紹麟著《中華基督教會合一堂史》）由此可見，何啟對道濟會堂以至合一堂的興建，有着決定性的作用。

合一堂的藏品

香港開埠初年，倫敦傳道會將傳教基業從馬六甲傳到香港。何福堂隨理雅各來港，並於一八四六年受倫敦傳道會按立為牧師，是繼梁發之後的另一位華人傳道人。同時，梁發與一羣華人信眾亦從馬六甲來港，開展傳教事工。在他們的努力下，倫敦傳道會的華人會友日眾，成立華人自理教會的意識亦日高，華人自理會堂——道濟會堂便因而成立。從一八八四年王煜初牧師主持華人自理會開始、道濟會堂的籌建、與佑寧堂的關係、至中華基督教會合一堂的成立及其後的發展，見證了香港以至內地華人教會的發展歷程。合一堂保存了不少這方面的珍貴文物與資料，是研究香港以至中國基督教教會發展的寶貴資源。合一堂設有文物室，珍藏這批無價的文物與文獻。例如，孫中山紀念館展出了合一堂藏品的「倫敦傳道會傳教百週年紀念屏風」、《道濟會堂史略》、《道濟會堂會友合照原件》、「天道下濟」橫匾等，都是十分珍貴的文獻與文物。其中「天道下濟」橫匾，下款題為「舊金山吭紀慎會拜題」，按「吭紀慎會」即

「綱紀慎會」，亦名「公理會」，為孫中山施洗的喜嘉理牧師（Rev. Charles Robert Hager，?—一九一七）便是公理會從三藩市派來香港傳教的牧師。這一橫匾，顯示了公理會與道濟會堂的關係非常密切，亦可理解公理會堂與道濟會堂雖近在咫尺，孫中山仍常在西醫書院毗鄰的道濟會堂禮拜及聚會。

教會的華人自理，是教會的「本國化」，已有「民族」意識與「愛國」情懷的潛存，加上當時推動教會自理、自立的人士，多受西方思潮的影響，思想開放，在晚清列強環伺的政局中，具有追求民族自主的理想，懷有改革中國政治的熱忱。例如王煜初牧師、教友區鳳墀、何啟、尹文楷等道濟會堂的核心人物，在傳播福音之餘，亦談政治革新。因此，道濟會堂遂成為孫中山當年談新學、論時政的場所，凝聚革命力量的地方。

區鳳墀是孫中山的國文老師，兩人關係非常密切。孫中山進入香港西醫學院習醫，便是聽從區鳳墀的建議及得其鼎力推介。孫中山在倫敦蒙難，便曾致函區鳳墀描述詳情，極具史料價值，孫中山紀念館即展出其複製品。何啟是孫中山的醫學老師。孫中山早期思想即深受何啟的影響，《上李鴻章書》的建議，與何啟發表的政論，異曲而同工。何啟雖然不是興中會的成員，但積極支持孫中山的革命事業，一八九五年廣州起義與一九〇〇年策劃孫中山與李鴻章合作「兩廣獨立」活動，何啟都扮演重要的角色。此外，道濟會堂的王煜初牧師與其子王寵惠、長老區鳳墀的女婿尹文楷醫生、長老黃勝與其子黃詠商等，都與興中會人士往來甚密，甚至親身參與興中會的革命活動，對晚清的革命事業，貢獻良多。合一堂珍藏有晚清以至民初有關革命的文物，相信為數不少，為研究近代歷史保留了不少一手的素材。

人脈相連

在道濟會堂、合一堂的歷史長河中，正值英國割佔香港、中國世紀之交的變革時刻，散步其中，不難發現一眾與傳教士接觸、受西方影響的華人信眾，在不同的領域上，交織成一個強而有力的人脈網絡，無論在香港事務、以至中國政治方面，都有着積極的參與及貢獻。

舉例來說，隨理雅各來港的何福堂（一八一七——一八七一），成為倫敦傳道會華人事工的支柱，為建構「本土教會」的關鍵人物。何福堂之子何啟，是當時的華人領袖、香港第三位華人立法局議員，十分關心清廷事務，亦發表改革的政論，與孫中山是師生關係，積極支持孫中山的革命事業，一八九五年八月，何啟曾與孫中山在上環杏花樓酒家商議廣州起事事宜。何啟又捐獻興建雅麗氏醫院及倡設西醫書院。

孫中山在香港求學時期，除何啟外，道濟會堂會牧王煜初、長老區鳳墀亦相繼支持他的革命事業。何福堂的女婿伍廷芳，是香港首位華人立法局議員、首位華人大律師與首席檢察官、李鴻章的幕

合一堂閘口

僚，更是中國的外交官，對香港、清末以至民國政治，都有舉足輕重的影響。道濟會堂長老黃勝，早年與容閎、黃寬赴美留學，亦是香港早期的立法局議員、香港法院首名華人陪審員，與王韜等創辦「循環日報」，及至東華醫院的倡辦，黃勝是創建總理之一。而道濟會堂與青年會的關係更是密切，不少道濟會堂的中堅人物都曾參與青年會的事務，成為青年會的重要支柱。

在歷史散步中，浮想翩躚，「後之視今，亦猶今之視昔」，聯繫不同領域的人脈，探索彼此的關連，抽絲剝繭，重組一個時代的面貌，這正正就是歷史散步的意義和樂趣。

（黃浩潮）

甘棠第

一幢買辦的豪華府第

從鴨巴甸街（Aberdeen Street，以當時的英國外交大臣鴨巴甸勳爵命名）往上走至堅道與衛城道交匯處，呈現眼前是一棟矗立的宏偉建築物，那就是建於一九一四年位於衛城道七號由香港富商何甘棠興建的甘棠第。

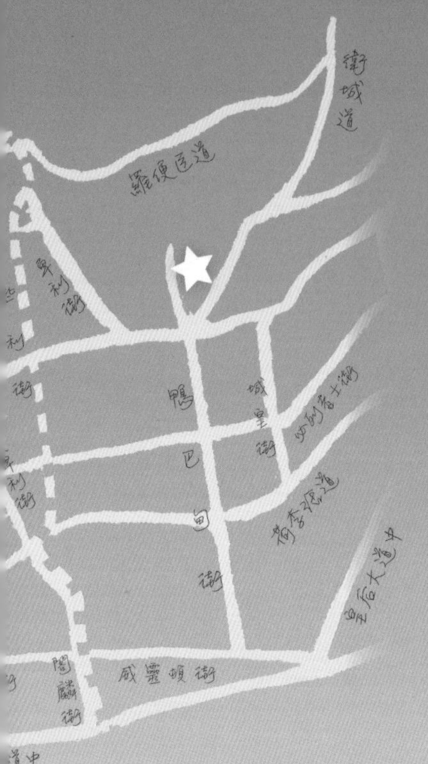

散步小貼士

- 可特別觀賞大廳內的天花、柱子及牆壁上貼有金箔（有部分是塗上金色顏料）的精緻雕飾。何甘棠多才多藝，不只富有且懂得享受，對大宅的建築質素要求極高，建材均由何甘棠親自選定，工程也由他親自監管。
- 沿大宅內的柚木樓梯而上，可細意欣賞色彩絢麗的彩繪玻璃窗與花磚，兩者都有不同的圖案。露台上的木門雕工十分精細，類似的雕工在香港大學陸佑堂（建築年代與甘棠第相仿）仍可看到。
- 地下底層以前是何甘棠的私人保險庫，牆身保留着原有的彩色瓷磚。當時保險庫採用的是世界著名的 CHUBB（集寶）保安系統，足可想像何甘棠的財產是多麼的豐厚。

甘棠第簡史

二十世紀初，殷商何甘棠購下半山衛城道七號一座兩層高的西式建築，從現存舊照片所見，前方還有一個小花園，有一座中式亭子。一九一〇年代初期，他斥資三十萬港幣，委託著名建築師李圖（A.C. Little）設計了目前所見的四層高的甘棠第，內部裝修均選取最好的物料。何甘棠更購置大量珍貴家俬及古董以作裝飾，當年的甘棠第氣派不凡。

甘棠第樓高四層，樓宇正面由花崗石及紅磚砌成，一樓和二樓有弧形露台，並有木製的百葉窗，欄杆則雕有花紋，以希臘式石柱承托，中間有「H」字代表大宅業主乃何氏家族，不同角落鑲有彩繪玻璃。建築物的面積達二千五百六十平方米，屬英皇愛德華時期（Edwardian Period）的建築風格。甘棠第是香港其中一座最早以鋼筋構建，並有供電線路鋪設的私邸，是香港建築史上的傑構，它是目前香港僅存的興築於二十世紀初的巨宅。

樓房分前後樓梯，大樓中央寬敞的木樓梯供何家成員使用，窄長的後梯則給傭人使用，俗稱「妹仔樓梯」。這亦反映了當時社會階

現在甘棠第已改建為孫中山紀念館，圖為館外的孫中山像

級觀念的森嚴。這「妹仔樓梯」，現今已變成走火的樓梯通道。

日治時期，何氏家人遠居澳門避難，甘棠第為日軍佔用，成為指揮中心。戰後，何甘棠及其家人返回甘棠第居住，何甘棠並在大宅終老。一九五九年，何氏後人將甘棠第售予鄭氏家族。一九六〇年，鄭氏家族又轉售予耶穌基督後期聖徒教會（The Church of Jesus Christ of Latter-Day Saints）作聚會場所。

耶穌後期聖徒教會在購置甘棠第後一直作為會堂及行政辦事處之用，聖徒多在此處參與洗禮會、主日崇拜以及其他宗教儀式與活動。

一九九〇年，甘棠第被列為二級歷史建築。其後，香港特區政府斥資購入甘棠第，並進行修葺，改建為孫中山紀念館。此舉既保存了本港一幢具歷史與建築價值的甘棠第，又因鄰近中山先生史蹟徑，亦為孫中山紀念館覓得合適的展覽場地，實在是一項兩全其美的方案。

甘棠第外貌

腰纏萬貫、熱心公益、生活多彩多姿的買辦——何甘棠

買辦是十九世紀晚期至二十世紀初香港最富有及最顯赫的一個階層，而作為英資龍頭企業——怡和洋行的買辦，更是富甲一方，舉足輕重。甘棠第的原主人何甘棠（一八六六—一九五〇），又名何啟棠，字棣生，曾當過怡和洋行的副買辦，長袖善舞、生財有道，累積了大量財富，因而興建了這座美輪美奐的府第。

何甘棠是具有代表性的人物，首先他是殷商何東、何福的胞弟，他跟隨兄長的足跡，在畢業後進入怡和洋行任職，然後在他們庇蔭下，一步步攀登上副買辦之位置；其二，他是混血兒，歐亞混血族羣正是華洋接觸的產物，在十九世紀晚期至二十世紀初在香港舉足輕重；其三，他像其兄長一樣，也就讀於當時香港的最高學府——中央書院（何甘棠就讀中央書院時，西醫書院尚未開辦），接受了西式教育，有助於其日後的發展。

何甘棠不單長袖善舞，而且熱心公益，他當過東華醫院的主席（一九〇七年），捐助興建梅夫人婦女會，更是聖約翰救傷隊的創辦人及華商公局的發起人之一，他出任過的公職，不計其數。何氏興趣廣泛，多才多藝，他對攝影、粵曲、中醫、栽種、風水學均有濃厚興趣及極深造詣；他在一九二七年成為馬會會員，其愛駒「甘棠第號」在一九二九年勝出打吡大賽，是首位贏出打吡賽的華人馬主。日治時期，更一度出任馬會主席一職，開華人擔任此職之先河。何甘棠的生活多彩多姿，在他的時代，無出其右。

甘棠第與富商競築豪宅的風氣

香港在開埠之初，殖民政府即採民族隔離政策，劃半山以至山頂區為歐人居住的地域，而華人則多聚居於上市場（太平山區）、中市場（中環街市對上山坡）及下市場（蘇杭街一帶）。其中的中市場毗鄰歐人聚居的地帶。一八四三年初，殖民政府進行城市規劃，劃雅賓利渠以東為軍部地區，雅賓利渠以西的山崗，定為政府山（Government Hill），留作政府部門專用。一八四三年六月，香港政府正式成立，重新規劃土地用途，乃遷徙中市場的華人到太平山區，隔離華人與歐籍人士的接觸，以便管治。

自從中市集的華人遷到太平山以後，中區鴨巴甸街以東盡是歐籍人士的天下。但是，從一八六〇年開始，來港定居的富有華商日增，相對的，歐籍人數卻日減，在此消彼長的形勢下，華人大量購入原由歐籍人士擁有的物業。這樣一來，引起歐籍人士的關注與反對，時港督軒尼斯力排眾議，一八七七年，港府申明：華人可在皇后大道任何部分、及介乎雲咸街上半部、荷李活道、鴨巴甸街地區興建唐樓。於是，至一八八〇年代，大道中對上的山坡，原來像個小歐洲的中環，已成華人聚居的地方。

一八八八年，港督德輔草擬一份「歐人住宅區保留法例」，規定威靈頓街和堅道之間，只准興建西式樓房。

二十世紀初，香港立法局分別通過《山頂區保留條例》（一九〇四年）及《山頂居住條例》（一九一八年），規定所有居住在山頂的人士，必須申請及取得行政局的批准，變相地把山頂區定為歐籍人士的居住區。有關法令頒佈後，只有何東家族獲准在山頂居住（一九〇六年從按察司 Francis Piggett 購入山頂大宅）。有關的歧視法令，直至一九四六年在華人的反對聲中廢除。

從十九世紀晚期到二十世紀初葉，半山的堅道、堅尼地道、干德道、羅便臣道一帶，已成為華人的聚居地，該處西式建築的豪華大宅，或是華籍名人的居所，或是外籍富商的居停。金碧輝煌、金雕玉砌，極盡奢華，是當時上層富商鉅賈競逐的風氣。例如，何東在購入西摩道八號後興建的「紅行」，建築豪華，一磚一瓦，都十分講究。何甘棠興建的甘棠第，雕欄金飾，富麗堂皇。何甘棠另有大宅在羅便臣道；甘棠第的對面，是原廣州十三行：同文行潘家的大宅；遮打的「雲石堂」（Marble Hall）位於干德道一號；太古買辦莫

甘棠第內華美的宴會廳（白廳）

甘棠第寬敞的露台

幹生的豪宅在干德道四十一號；庇利羅士的巨宅位於堅尼地道今天堅尼地台附近。利希慎的大宅則在堅尼地道的另一邊。周壽臣在羅便臣道三十九號、葉蘭泉在般含道四十五號、名醫胡惠德在梁輝台五號、韋玉（寶珊）在般含道四十四號、孫中山摯友楊西岩在干德道九號（中山先生在一九二三年初過港時曾下榻）。此外，近代名人在港的居住的大宅，可考的，有陳炯明、李濟琛在羅便臣道九十二號、蔡廷鍇在羅便臣道一百一十一號、許地山在羅便臣道一百二十五號，宋慶齡的保衛中國同盟在西摩道二十一號。

在堅道、羅便臣道一帶散步，探尋昔日富商名人的寓邸，重拾殖民統治的民族隔離風貌，緬懷昔日建築物的奢華，感受不同歷史人物的情懷，別有一番情趣。

何氏一族隨想

何東（一八六二——一九五六）是一名歐亞混血兒，父何仕文（Charles Henry Maurice Bosman）是英籍荷蘭人，母施氏祖籍廣東寶安。香港在開埠之初，殖民政府即行民族隔離政策，劃半山以至山頂區為歐人居住的地域，而華人則多聚居於太平山區以至西營盤一帶。當時社會並不接納華洋男女的交往，據施其樂的研究，涉外的婚婦多生活在兩大居住區域的邊緣，即皇后大道中的商業區及堅道、羅便臣道、般咸道一帶（見《歷史的醒覺——香港社會史論》）。何東雖然在香港邊緣社區成長，但以港為家，自視為華人。

何東畢業於中央書院，先受聘於中國海關，繼而為渣甸洋行（Jardine, Matheson & Co. Ltd）買辦，充當中國與西方列強的中介角色，更因長袖善舞，擅於投資而致富。

何東雖然是一名歐亞混血兒，平常卻愛穿着唐裝，認同華人的身份，關注中國的事務。例如，一八九八年，何東贊同「維新變法」，冒險拯救被清廷追捕的康有為，並接待到家中作客；其後，何東本着救國救民之心，轉而支持中山先生的革命事業，又奔走於軍閥之間，謀求中國和平統一；又鼓勵兒子何世禮從軍報國，成為抗日名將；日治期間，何東避難澳門，日軍屢施利誘與威逼，邀請何東返港協助日軍維持香港社會的秩序，何東仍多次拒絕。

何東亦積極參與香港的華人事務。例如，何東曾為東華醫院一八九八年主席；由謝纘泰仿效「香港會」（Hong Kong Club）的編制而成立的「華商公所」（The Chinese Club），作為華商聚首之地。何東於一八九九年被選為首任主席，又與華商成立「中華會館」（即「中華總商會」，The Chinese Chamber of Commerce 的前身）等，充分顯示何東積極投入華商的行列，體現他對華人身份的認同。

鄭宏泰、黃紹倫在《香港大老——何東》一書中認為何東家族是「自成一系的混血族羣」。這個族羣，何東「以婚姻結義網絡為核心」，以中央書院網絡、「買辦網絡（何東、何福、何甘棠為渣甸洋行買辦）」、「銀行網絡（何東、何甘棠、羅長肇、陳啟明等中央書院舊生、買辦階層等創立大有銀行）為經緯」，而成為華人社會的領袖。何東家族的歷史，可以說是香港上層社會的縮影。

（梁操雅　黃浩潮）

參考書目

中文書目

丁新豹：〈香港早期之華人社會 1841—1870〉（香港：博士論文，1989，未刊稿）

丁新豹：《跑馬地香港墳場初探》（香港：香港當代文化中心，2008）

王賡武主編：《香港史新編》（下冊）（香港：三聯，1997 年 7 月）

王賡武主編：《香港史新編》（上冊）（香港：三聯，1997 年 5 月）

弗蘭克 • 韋爾什（Frank Welsh）著，王皖強、黃亞紅譯：《香港史》（北京：中央編譯出版社，2007 年 5 月）

田英傑編，游麗清譯：《香港天主教掌故》（香港：聖神修院校外課程部，1983）

白德著、招紹瓚譯：《香港文物志》（香港：市政局，1991）

朱維德：《香江舊貌》（香港：天地圖書，1997）

朱維德：《香港舊景掌故新談（一）》（香港：香港自然探索學會，2007 年 7 月）

何佩然：《地換山移：香港海港及土地發展一百六十年》（香港：商務印書館，2004）

余繩武、劉蜀永主編：《20 世紀的香港》（香港：麒麟書業有限公司，1995）

余繩武、劉蜀永主編：《十九世紀的香港》（香港：麒麟書業有限公司，1994）

吳醒濂：《香港華人名人史略》（香港：五洲書局發行，1937）

李志剛：《香港教會掌故》（香港：三聯，1992）

李金強：《一生難忘——孫中山在香港的求學與革命》（香港：孫中山紀念館，2008 年 4 月）

李家忠：〈胡志明在香港坐牢〉，《百年潮》，2005 年第 1 期。

李培德編：《香港史研究書目題解》（香港：三聯，2001）

周錦華：《香港中華基督教青年會對香港教育及社會服務之貢獻》（香港：香港大學，2001）

邱　捷：〈孫中山上書李鴻章及策動李鴻章實行「兩廣獨立」新探〉，《孫中山領導的革命運動與清末民初的廣東》（廣州：廣東人民出版社，1996 年 10 月）

冼玉儀、劉潤和主編：《益道行善——東華三院 135 週年紀念專題文集》（香港：三聯，2006 年 2 月）

施其樂著、宋鴻耀譯：《歷史的醒覺——香港社會史論》（香港：香港教育圖書，1999）

科大衛、陸鴻基、吳倫霓霞合編：《香港碑銘彙編》（香港：市政局，1986）

香港市政局：《活的歷史：保護香港的歷史建築》（香港：市政局，1982）

香港回歸祖國紀念碑及前總督府新名稱工作小組〔編〕：《公開徵集所得的前總督府新名稱建議》（香港：香港回歸祖國紀念碑及前總督府新名稱工作小組，1999）

香港南北行公所編纂：《南北行公所新廈落成暨成立八十六週年紀念特刊》（香港，1 954 年 4 月）
香港歷史博物館：《四環九約》（修訂再版）（香港：市政局，1999 年 2 月）
徐　新：〈香港猶太社團歷史研究〉，《江蘇社會科學》，2000 年第 4 期。
桑　兵：〈庚子孫中山上書港督卜力述論〉，《孫中山的活動與清思想》（廣州：中山大學出版社，2001 年 10 月）
高伯雨：《聽雨樓隨筆》（香港：三聯，1991 年 7 月）
張連興：《香港二十八總督》（北京：朝華，2007 年 7 月）
敏賢良：〈香港穆斯林概況〉，《中國穆斯林》，1997 年第 3 期。
梁炳華：《中西區地方掌故》（增訂本）（香港：中西區區議會，2005）
梁炳華：《中西區風物志》（香港：中西區臨時區議會，1998）
梁壽華：《革命先驅——基督徒與晚清中國革命的起源》（香港：宣道，2007 年 12 月）
盛永華主編：《宋慶齡年譜（1893 — 1981）》（廣州：廣東人民，2006 年 8 月）
許焯權：《中區歷史建築選粹》（香港：古物古蹟辦事處，2004）
陳君葆著，謝榮滾主編：《陳君葆日記全集》（香港：商務，2004）
陳　昕、郭志坤：《香港全紀錄》（香港：中華書局，1997）
陳瑞璋、蔡國維編：《域多利監獄紀念特刊，1984 — 2005》（香港：懲教署，2005）
陳鏸勛撰，莫世祥校注：《香港雜記（外二種）》（廣州：暨南大學出版社，1996）
湯開建、田映霞：〈香港伊斯蘭教的起源與發展〉，《東南亞研究》，1995 年第 6 期。
湯開健：〈兩次戰爭時期香港穆斯林的發展與變化〉，《東南亞研究》，1996 年第 1 期。
楊春棠總編：《香港禮賓府（1997 — 2005）》（香港：香港大學美術博物館，2005）
葛培林：《孫中山與香港》（廣州：政協廣東省中山市委員會文史資料委員會，2005 年 2 月）
董叢林：《李鴻章的外交生涯》（北京：團結，2008 年 1 月）
趙令揚：〈何啟：辛亥革命期間香港之中國資產階級〉，《紀念辛亥革命七十週年學術討論會論文集》（下冊）（北京：中華書局，1983）
趙令揚：〈論何啟對張之洞《勸學篇》之批判〉，《慶祝饒宗頤教授七十五歲論文集》（香港：香港中文大學中國文化研究所，1993）
劉存寬：《香港史論叢》（香港：麒麟書業有限公司，1998）
劉紹麟：《中華基督教會合一堂史——從一八四三年建基至現代》（香港：中華基督教會合一堂，2003 年 11 月）。
劉紹麟：《古樹英華——英華書院校史》（香港：英華書院校友會，2001 年 3 月）
劉粵聲主編：《香港基督教會史》（香港：香港基督教聯會，1996）
劉　閩：〈香港穆斯林概況〉，載《回族研究》，1997 年第 3 期（總第 27 期）。
劉潤和、高添強：《香港走過的道路》（香港：三聯，2007 年 6 月）
潘　光、周國建：〈二戰後在華猶太人的研究〉，《社會科學》（上海：

上海社會科學院東歐西亞研究所，2007年6月）
鄭宏泰、黃紹倫：《香港大老——何東》（香港：三聯，2007年7月）
黎晉偉主編：《香港百年史》（香港：南中編譯出版社，1948）
賴連三著，李龍潛點校：《香港紀略（外二種）》（廣州：暨南大學出版社，1997）
謝至愷：《圖說香港殖民建築》（香港：共和媒體有限公司，2007年6月）
《中華基督教會合一堂開基一百週年暨香港堂建堂六十週年榮慶（1886—1986）》（香港：中華基督教會合一堂）
《東華三院一百三十年》（香港：東華三院，2000）
《青年會事業概要》（香港：香港中華基督教青年會，1918）
《香港中華基督教青年會九十五週年會慶特刊》（香港：香港中華基督教青年會，1991）
《香港中華基督教青年會九十週年會慶特刊》（香港：香港中華基督教青年會，1991）
《香港中華基督教青年會五十週年紀念特刊（1901—1951）》（香港：香港中華基督教青年會，1951）
《香港中華基督教青年會六十週年紀念特刊（1901—1961）》（香港：香港中華基督教青年會，1961）
《香港中華基督教青年會百週年會慶特刊》（香港：香港中華基督教青年會，2001）
《香港保良局百年史略（1878—1978）》（香港：保良局）
《香港中華基督教青年會青年會學生宿舍銀禧紀念特刊》（香港：香港中華基督教青年會青年會學生宿舍，1937）
《香港天主教總堂1888至1938金禧紀念特刊》
《香港東華三院百年史略》（香港：東華三院，1969）
《香港東華三院發展史——創院九十週年紀念（1870—1960）》（香港：東華三院，1960）
《香港聖母無原罪主教座堂中華殉道聖人小堂》（香港：天主教香港教區聖母無原罪主教座堂出版，2007年7月）
《孫中山紀念館展覽圖錄》（香港：孫中山紀念館，2006年12月）
《創會六十週年紀念》（香港：香港中華基督教青年會，1991）
《解密百年香港》（香港：亞洲電視新聞部資訊科，2007年12月）

英文書目

Bard, Solomon, *Traders of Hong Kong: Some Foreign Merchant Houses, 1841-1899* (Hong Kong: Urban Council Hong Kong Museum of History, 1993).

Bard, Solomon, *Voices from the past: Hong Kong 1842-1918* (Hong Kong: Hong Kong University Press, 2002)

Cameron, Nigel, Hase, Patrick, *The Hong Kong Collection: Memorabilia of a Colonial Era* (Hong Kong: FormAsia, 1997)

Chan Wai-kwan, *The Making of Hong Kong Society: Three Studies of Class Formation in Early Hong Kong* (Oxford: Clarendon Press, 1991)

Chiu Ling-yeong, 'Debate on National Salvation: Ho Kai Versus Tseng Chi-tse', *Journal of the Hong Kong Branch of the Royal Asiatic Society*, 1971, 1.

Choa G.H., *The Life and Times of Sir Kai Ho Kai* (Hong Kong: The Chinese University Press, 2000)

Endacott, G.B., *A Biographical Sketch-Book of Early Hong Kong* (Singapore: Eastern Universities Press, 1962).

Endacott, G.B., A History of Hong Kong (2nd Edition, Hong Kong: Oxford University Press, 1964).

Endacott, George, *They lived in Government House* by K. Yang (ed.), The University of Hong Kong Hung On-To Memorial Library (compiled), (Hong Kong: Hung On-To Memorial Library, The University of Hong Kong, 1981)

Esther, Morris, *Helena May: The person, The place and 90 years of History in Hong Kong* (with research by The Helena May History Group), (Hong Kong: Helena May Institute, 2006)

Evans, D.M.Emrys, *Hong Kong's first Government House*, (S.l.: s.n., 19--)

Faure, David, *Colonialism and the Hong Kong Mentality* (Hong Kong: Centre of Asian Studies, The University of Hong Kong, 2003)

Frank King H.H., *The Hongkong Bank in the period of imperialism and war, 1895-1918: Wayfoong, the focus of wealth* (Cambridge: Cambridge University Press, 1988)

Grantham, Alexander, *Via ports, from Hong Kong to Hong Kong* (Hong Kong: Hong Kong University Press, 1965)

Hacker, Arthur, *The Hong Kong Visitors Book – A historical who's who* (Hong Kong: Guidebook Co. Ltd., 1997)

Haffner, Christopher, *The Craft in the East*, (Hong Kong: District Grand Lodge of Hong Kong and the Far East, 1977)

Helena May Institute, *A Short history and bye laws of the Helena May, Hong Kong* (Hong Kong: Helena May Institute, 198-)

Ho Pui-yin, The Administrative History of the Hong Kong Government Agencies 1841-2002 (Hong Kong University Press, 2004)

Hoe, Susanna, *The Private Life of Old Hong Kong: Western Women in the British Colony 1841-1941* (Hong Kong: Oxford University Press, 1991)

Hong Kong Trade Development Council Design Department, Government House, *Hong Kong: Restoration* (Hong Kong: Trade Development Council, 1993)

Ingham, Michael, 'Hong Kong: a Cultural and Literary History', *Oxford: Signal Books* (Hong Kong: Hong Kong University Press, 2007)

Jarrett, H.G. Vincent, 'Old Hong Kong', *South China Morning Post,* 1933-1935.

King Doreen, *St. John's Cathedral Hong Kong* (Hong Kong: St. John's Cathedral, 1987)

Lethbridge, H.J., *Hong Kong: Stability and Change: a Collection of Essays* (Hong Kong: Oxford University Press, 1978).

Mattock, Kate, *This is Hong Kong: the story of Government House* (Hong Kong: Information Services Department, 1978)

Mattock, Katherine, Cheshire, Jill, *The story of Government House* (Hong Kong: Studio Pub. Ltd., 1994)

McPherson, Sue, 'J.L.McPherson: Hong Kong YMCA General Secretary', *Journal of the Royal Asiatic Society (Hong Kong Branch)*, 2006, 46:39-60.

Munn, Christopher, 'Anglo-China: Chinese People and British Rule in Hong Kong, 1841-1880,' (London: Curzon Press, 2001).

Norton-Kyshe, James William, *The History of the Laws and Courts of Hong Kong*, 2 Vol. (Hong Kong: Vetch and Lee, 1898)

O'Hara, Randolph, *The library of the University of Hong Kong, 1911-1973: a brief history* (Ann Arbor, Mich.: University Microfilms International, 1984)

Sinn, Elizabeth, *Power and Charity: A Chinese Merchant Elite in Colonial Hong Kong* (Hong Kong: Hong Kong University Press, 2003)

Smith, Carl T., 'English-Educated Chinese Elites in Nineteenth-Century Hong Kong,' In *Hong Kong, the Interactions of Traditions and Life in the Towns*, pp.65-96 (Hong Kong: Hong Kong Branch of the Royal Asiatic Society, 1975).

Smith, Carl T., 'The Chinese Settlement of British Hong Kong,' *Chung Chi Journal,* May 1970, no.48, pp.26-32.

Smith, Carl T., 'The Emergence of Chinese Elite in Hong Kong,' *Journal of the Hong Kong Branch of the Royal Asiatic Society*, 1971, 11:74-115.

Smith, Carl T., *Chinese Christians: Elites, Middlemen and the Church in Hong Kong* (Hong Kong: Oxford University Press, 1985)

South China Morning Post, *Hong Kong then and now* (Hong Kong: South China Morning Post Publication Division, 1982)

Ting, Sun-pao, Joseph, 'Native Chinese Peace Officers in British Hong Kong, 1841-1861' in *Hong Kong: A Reader in Social History* by David Faure (ed.), (Hong Kong: Oxford University Press, 2003)

Wen Yiu Chuen, *Borrowed Place, Borrowed Time: A Study of the Development of the Public Library in Hong Kong 1841-1977* (Hong Kong: PhD Thesis, The University of Hong Kong, 2001)

White, Barbara-Sue, *Turbans and Traders: Hong Kong's Indian Communities* (Hong Kong: Oxford University Press, 1994)

Hong Kong Government Gazette

Hong Kong Telegraph

PRO Archives

The Legal Case of Nguen Ai Quoc (Ho Chi Minh) in Hong Kong 1931-1933 (Documents and Photographs), (Ho Noi: The Ho Chi Minh Museum The National Political Publishers, 2006)

'The Nam Pak Hong Commercial Association of Hong Kong,' *Journal of the Hong Kong Branch of the Royal Asiatic Society*, 1979, 19:216-226.

附錄一　歷任港督列表

任次	總　督	任期
1	砵甸乍爵士（Sir Henry POTTINGER）	1843 – 1844
2	戴維斯爵士（Sir John Francis DAVIS）	1844 – 1848
3	文咸爵士（Sir Samuel George BONHAM）	1848 – 1854
4	寶靈爵士（Sir John BOWRING）	1854 – 1859
5	夏喬士•羅便臣爵士（Sir Hercules ROBINSON）	1859 – 1865
6	麥當奴爵士（Sir Richard Graves MACDONNELL）	1866 – 1872
7	堅尼地爵士（Sir Arthur Edward KENNEDY）	1872 – 1877
8	軒尼詩爵士（Sir John Pope HENNESSY）	1877 – 1883
9	寶雲爵士（Sir George Ferguson BOWEN）	1883 – 1887
10	德輔爵士（Sir George William DES VOEUX）	1887 – 1891
11	威廉•羅便臣爵士（Sir William ROBINSON）	1891 – 1898
12	卜力爵士（Sir Henry Arthur BLAKE）	1898 – 1903
13	彌敦爵士（Sir Matthew NATHAN）	1904 – 1907
14	盧押爵士（Sir Frederick LUGARD）	1907 – 1912
15	梅含理爵士（Sir Francis Henry MAY）	1912 – 1919
16	司徒拔爵士（Sir Reginald Edward STUBBS）	1919 – 1925
17	金文泰爵士（Sir Cecil CLEMENTI）	1925 – 1930
18	貝璐爵士（Sir William PEEL）	1930 – 1935
19	郝德傑爵士（Sir Andrew CALDECOTT）	1935 – 1937
20	羅富國爵士（Sir Geoffry Alexander Stafford NORTHCOTE）	1937 – 1941
21	楊慕琦爵士（Sir Mark Aitchison YOUNG）	1941 – 1947（二戰時向日軍投降被俘，後回英國，重光後回港）
22	葛量洪爵士（Sir Alexander William George Herder GRANTHAM）	1947 – 1958
23	柏立基爵士（Sir Robert Brown BLACK ）	1958 – 1964
24	戴麟趾爵士（Sir David Clive Crosbie TRENCH）	1964 – 1971
25	麥理浩爵士（Sir Murray MACLEHOSE）	1971 – 1982
26	尤德爵士（Sir Edward YOUDE）	1982 – 1986
27	衛奕信爵士（Sir David WILSON）	1987 – 1992
28	彭定康（Rt. Hon. Christopher Francis PATTEN）	1992 – 1997

附錄二　散步資料

	地址	官方網頁
高等法院 （今立法會）	昃臣道八號	http://www.legco.gov.hk/chinese/
皇后像廣場	昃臣道	http://www.lcsd.gov.hk/ce/Museum/Monument/b5/trails_central1.php?tid=a2 （古物古蹟辦事處專頁）
法國傳道會大樓 （今終審法院）	炮台里 1 號	http://www.discoverhongkong.com/taiwan/heritage/monuments/mo_hk_0007.jhtml （香港旅遊發展局網站專頁 ）
聖約翰座堂	中環花園道 4-8 號	http://www.stjohnscathedral.org.hk/chi/stjohns.html
梅夫人婦女會大樓	中環花園道 35 號	http://www.helenamay.com/
共濟會會所	堅尼地道一號	http://www.zetlandhall.com/
總督府 （今禮賓府）	上亞厘畢道	http://www.ceo.gov.hk/gh/chi/
兵頭花園 （今動植物公園）	雅賓利道	http://www.lcsd.gov.hk/parks/hkzbg/b5/index.php
天主教總堂	堅道十六號	http://cathedral.catholic.org.hk/web2007/index0.html
中區警署建築羣	荷李活道 10 號	http://www.lcsd.gov.hk/ce/Museum/Monument/b5/oe_central_police_station.php （古物古蹟辦事處專頁）
回教清真禮拜總堂	些利街 30 號	/
猶太廟	羅便臣道近衛城道交界	http://www.ohelleah.org/
南北行街	文咸西街一帶	http://www.nampakhongassn.com/main.php （南北行公所網站）
文武廟	荷李活道 124-126 號	http://www.tungwahcsd.org/chi/ts/tscentre.php?steid =226&id=102
青年會	必列者士街 51 號	http://www.ymca.org.hk/big5/index.html
百姓廟	太平山街 40 號	http://www.tungwahcsd.org/chi/ts/tscentre.php?id=105&steid=226&fontsize=middle
東華醫院	普仁街二號	http://www.tungwah.org.hk/?content=36
中華基督教會合一堂	般含道 2 號	http://hychkc.hkcccc.org/
甘棠第	衛城道 7 號	http://hk.drsunyatsen.museum/index.php

古物古蹟辦事處網頁：http://www.amo.gov.hk/b5/index.php
香港旅遊發展局網站：http://www.discoverhongkong.com/tc/index.jsp